Renate Sültz & Uwe H. Sültz

Mein Glückstagebuch

BoD - Books on Demand

Norderstedt 2017

Bibliografische Information durch die Deutsche Nationalbibliothek

Die Deutsche Nationalbibliothek verzeichnet diese Publikation in der Deutschen Nationalbibliografie; detaillierte bibliografische Daten sind im Internet über http://dnb.dnb.de abrufbar.

Herstellung und Verlag:

BoD – Books on Demand, Norderstedt

ISBN 9-78374-6-01074-8

Vorwort:

Es ist leicht gesagt „erlebe den Tag positiv". Wer Schmerzen hat, gar chronisch, oder andere Probleme, etwa im Job, Jobverlust, Scheidung, Geldsorgen, Unfall oder noch Schlimmeres, wird eher abwinken oder suchend nach Hilfe sein, wird vielleicht sogar depressiv. Dieses Tagebuch möchte nur helfen, um die schönen Dinge oder Augenblicke zu erkennen. Es kann der Sonnenaufgang sein, die frische Luft oder die Tasse Kaffee oder Tee. Zuerst wird nur abgefragt und angekreuzt, was am Tag positiv war. Der nächste Schritt ist ein Gemisch zwischen Ankreuzen und Aufschreiben. Erkennen Sie die schönen Augenblicke des Tages? Der dritte Schritt ist, dass eigene Erlebnisse und Erkenntnisse notiert werden. Am Ende sollten Sie erkennen, was gut für Sie ist. Was macht Sie glücklich? Was Sie traurig oder depressiv macht, wollen Sie nicht. Probleme werden erledigt. Sie leben jetzt und machen das Beste daraus!

Datum:

Was hat mich heute glücklich gemacht? Ja/Nein

Nach dem Aufstehen habe ich mich auf den Kaffee/Tee gefreut

Ich habe die Morgensonne erlebt

Über das Frühstück habe ich mich gefreut

Ich habe mich fein für mich/den Job/Spaziergang/Einkauf gemacht

Beim Einkauf habe ich mir etwas gekauft und freue mich darüber

Ich habe auch etwas für jemanden gekauft, wir freuen uns

Auf meinen Wegen habe ich nette Menschen getroffen

Ich habe mich auf das Mittagessen gefreut und es genossen

Heute habe ich eine gute Musik gehört

Ich habe meditiert

Alles war gut im Job und/oder bei der Haus- und Gartenarbeit

Ich habe mich auf das Abendessen gefreut und es genossen

Den Sonnenuntergang habe ich verfolgt

Ich freue mich auf mein Bett und erwarte den neuen Tag

Eigene Angaben: _____

_____

Datum:

Was hat mich heute glücklich gemacht? Ja/Nein

Nach dem Aufstehen habe ich mich auf den Kaffee/Tee gefreut

Ich habe die Morgensonne erlebt

Über das Frühstück habe ich mich gefreut

Ich habe mich fein für mich/den Job/Spaziergang/Einkauf gemacht

Beim Einkauf habe ich mir etwas gekauft und freue mich darüber

Ich habe auch etwas für jemanden gekauft, wir freuen uns

Auf meinen Wegen habe ich nette Menschen getroffen

Ich habe mich auf das Mittagessen gefreut und es genossen

Heute habe ich eine gute Musik gehört

Ich habe meditiert

Alles war gut im Job und/oder bei der Haus- und Gartenarbeit

Ich habe mich auf das Abendessen gefreut und es genossen

Den Sonnenuntergang habe ich verfolgt

Ich freue mich auf mein Bett und erwarte den neuen Tag

Eigene Angaben: _____

_____

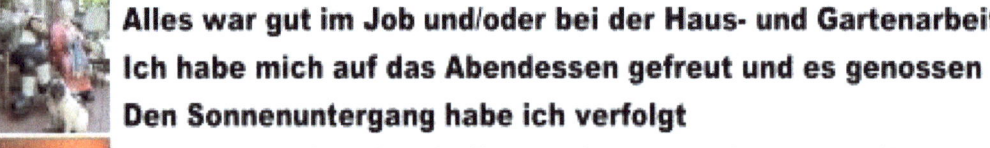

Datum:

Was hat mich heute glücklich gemacht?   **Ja/Nein**

Nach dem Aufstehen habe ich mich auf den Kaffee/Tee gefreut

Ich habe die Morgensonne erlebt

Über das Frühstück habe ich mich gefreut

Ich habe mich fein für mich/den Job/Spaziergang/Einkauf gemacht

Beim Einkauf habe ich mir etwas gekauft und freue mich darüber

Ich habe auch etwas für jemanden gekauft, wir freuen uns

Auf meinen Wegen habe ich nette Menschen getroffen

Ich habe mich auf das Mittagessen gefreut und es genossen

Heute habe ich eine gute Musik gehört

Ich habe meditiert

Alles war gut im Job und/oder bei der Haus- und Gartenarbeit

Ich habe mich auf das Abendessen gefreut und es genossen

Den Sonnenuntergang habe ich verfolgt

Ich freue mich auf mein Bett und erwarte den neuen Tag

Eigene Angaben: _____

_____

Datum:

Was hat mich heute glücklich gemacht?   **Ja/Nein**

Nach dem Aufstehen habe ich mich auf den Kaffee/Tee gefreut

Ich habe die Morgensonne erlebt

Über das Frühstück habe ich mich gefreut

Ich habe mich fein für mich/den Job/Spaziergang/Einkauf gemacht

Beim Einkauf habe ich mir etwas gekauft und freue mich darüber

Ich habe auch etwas für jemanden gekauft, wir freuen uns

Auf meinen Wegen habe ich nette Menschen getroffen

Ich habe mich auf das Mittagessen gefreut und es genossen

Heute habe ich eine gute Musik gehört

Ich habe meditiert

Alles war gut im Job und/oder bei der Haus- und Gartenarbeit

Ich habe mich auf das Abendessen gefreut und es genossen

Den Sonnenuntergang habe ich verfolgt

Ich freue mich auf mein Bett und erwarte den neuen Tag

Eigene Angaben: _____

_____

Datum:

Was hat mich heute glücklich gemacht?  **Ja/Nein**

Nach dem Aufstehen habe ich mich auf den Kaffee/Tee gefreut

Ich habe die Morgensonne erlebt

Über das Frühstück habe ich mich gefreut

Ich habe mich fein für mich/den Job/Spaziergang/Einkauf gemacht

Beim Einkauf habe ich mir etwas gekauft und freue mich darüber

Ich habe auch etwas für jemanden gekauft, wir freuen uns

Auf meinen Wegen habe ich nette Menschen getroffen

Ich habe mich auf das Mittagessen gefreut und es genossen

Heute habe ich eine gute Musik gehört

Ich habe meditiert

Alles war gut im Job und/oder bei der Haus- und Gartenarbeit

Ich habe mich auf das Abendessen gefreut und es genossen

Den Sonnenuntergang habe ich verfolgt

Ich freue mich auf mein Bett und erwarte den neuen Tag

Eigene Angaben: _____

_____

Datum:

Was hat mich heute glücklich gemacht?  **Ja/Nein**

Nach dem Aufstehen habe ich mich auf den Kaffee/Tee gefreut

Ich habe die Morgensonne erlebt

Über das Frühstück habe ich mich gefreut

Ich habe mich fein für mich/den Job/Spaziergang/Einkauf gemacht

Beim Einkauf habe ich mir etwas gekauft und freue mich darüber

Ich habe auch etwas für jemanden gekauft, wir freuen uns

Auf meinen Wegen habe ich nette Menschen getroffen

Ich habe mich auf das Mittagessen gefreut und es genossen

Heute habe ich eine gute Musik gehört

Ich habe meditiert

Alles war gut im Job und/oder bei der Haus- und Gartenarbeit

Ich habe mich auf das Abendessen gefreut und es genossen

Den Sonnenuntergang habe ich verfolgt

Ich freue mich auf mein Bett und erwarte den neuen Tag

Eigene Angaben: _____

_____

Datum:

Was hat mich heute glücklich gemacht?   **Ja/Nein**

Nach dem Aufstehen habe ich mich auf den Kaffee/Tee gefreut

Ich habe die Morgensonne erlebt

Über das Frühstück habe ich mich gefreut

Ich habe mich fein für mich/den Job/Spaziergang/Einkauf gemacht

Beim Einkauf habe ich mir etwas gekauft und freue mich darüber

Ich habe auch etwas für jemanden gekauft, wir freuen uns

Auf meinen Wegen habe ich nette Menschen getroffen

Ich habe mich auf das Mittagessen gefreut und es genossen

Heute habe ich eine gute Musik gehört

Ich habe meditiert

Alles war gut im Job und/oder bei der Haus- und Gartenarbeit

Ich habe mich auf das Abendessen gefreut und es genossen

Den Sonnenuntergang habe ich verfolgt

Ich freue mich auf mein Bett und erwarte den neuen Tag

Eigene Angaben: _____

Datum:

Was hat mich heute glücklich gemacht?   **Ja/Nein**

Nach dem Aufstehen habe ich mich auf den Kaffee/Tee gefreut

Ich habe die Morgensonne erlebt

Über das Frühstück habe ich mich gefreut

Ich habe mich fein für mich/den Job/Spaziergang/Einkauf gemacht

Beim Einkauf habe ich mir etwas gekauft und freue mich darüber

Ich habe auch etwas für jemanden gekauft, wir freuen uns

Auf meinen Wegen habe ich nette Menschen getroffen

Ich habe mich auf das Mittagessen gefreut und es genossen

Heute habe ich eine gute Musik gehört

Ich habe meditiert

Alles war gut im Job und/oder bei der Haus- und Gartenarbeit

Ich habe mich auf das Abendessen gefreut und es genossen

Den Sonnenuntergang habe ich verfolgt

Ich freue mich auf mein Bett und erwarte den neuen Tag

Eigene Angaben: _____

Datum:

Was hat mich heute glücklich gemacht?

Ja/Nein

Nach dem Aufstehen habe ich mich auf den Kaffee/Tee gefreut

Ich habe die Morgensonne erlebt

Über das Frühstück habe ich mich gefreut

Ich habe mich fein für mich/den Job/Spaziergang/Einkauf gemacht

Beim Einkauf habe ich mir etwas gekauft und freue mich darüber

Ich habe auch etwas für jemanden gekauft, wir freuen uns

Auf meinen Wegen habe ich nette Menschen getroffen

Ich habe mich auf das Mittagessen gefreut und es genossen

Heute habe ich eine gute Musik gehört

Ich habe meditiert

Alles war gut im Job und/oder bei der Haus- und Gartenarbeit

Ich habe mich auf das Abendessen gefreut und es genossen

Den Sonnenuntergang habe ich verfolgt

Ich freue mich auf mein Bett und erwarte den neuen Tag

Eigene Angaben: _____

_____

Datum:

Was hat mich heute glücklich gemacht?

Ja/Nein

Nach dem Aufstehen habe ich mich auf den Kaffee/Tee gefreut

Ich habe die Morgensonne erlebt

Über das Frühstück habe ich mich gefreut

Ich habe mich fein für mich/den Job/Spaziergang/Einkauf gemacht

Beim Einkauf habe ich mir etwas gekauft und freue mich darüber

Ich habe auch etwas für jemanden gekauft, wir freuen uns

Auf meinen Wegen habe ich nette Menschen getroffen

Ich habe mich auf das Mittagessen gefreut und es genossen

Heute habe ich eine gute Musik gehört

Ich habe meditiert

Alles war gut im Job und/oder bei der Haus- und Gartenarbeit

Ich habe mich auf das Abendessen gefreut und es genossen

Den Sonnenuntergang habe ich verfolgt

Ich freue mich auf mein Bett und erwarte den neuen Tag

Eigene Angaben: _____

_____

Datum:

Was hat mich heute glücklich gemacht?   **Ja/Nein**

Nach dem Aufstehen habe ich mich auf den Kaffee/Tee gefreut

Ich habe die Morgensonne erlebt

Über das Frühstück habe ich mich gefreut

Ich habe mich fein für mich/den Job/Spaziergang/Einkauf gemacht

Beim Einkauf habe ich mir etwas gekauft und freue mich darüber

Ich habe auch etwas für jemanden gekauft, wir freuen uns

Auf meinen Wegen habe ich nette Menschen getroffen

Ich habe mich auf das Mittagessen gefreut und es genossen

Heute habe ich eine gute Musik gehört

Ich habe meditiert

Alles war gut im Job und/oder bei der Haus- und Gartenarbeit

Ich habe mich auf das Abendessen gefreut und es genossen

Den Sonnenuntergang habe ich verfolgt

Ich freue mich auf mein Bett und erwarte den neuen Tag

Eigene Angaben: _____

_____

Datum:

Was hat mich heute glücklich gemacht?   **Ja/Nein**

Nach dem Aufstehen habe ich mich auf den Kaffee/Tee gefreut

Ich habe die Morgensonne erlebt

Über das Frühstück habe ich mich gefreut

Ich habe mich fein für mich/den Job/Spaziergang/Einkauf gemacht

Beim Einkauf habe ich mir etwas gekauft und freue mich darüber

Ich habe auch etwas für jemanden gekauft, wir freuen uns

Auf meinen Wegen habe ich nette Menschen getroffen

Ich habe mich auf das Mittagessen gefreut und es genossen

Heute habe ich eine gute Musik gehört

Ich habe meditiert

Alles war gut im Job und/oder bei der Haus- und Gartenarbeit

Ich habe mich auf das Abendessen gefreut und es genossen

Den Sonnenuntergang habe ich verfolgt

Ich freue mich auf mein Bett und erwarte den neuen Tag

Eigene Angaben: _____

_____

Datum:

Was hat mich heute glücklich gemacht?  Ja/Nein

Nach dem Aufstehen habe ich mich auf den Kaffee/Tee gefreut

Ich habe die Morgensonne erlebt

Über das Frühstück habe ich mich gefreut

Ich habe mich fein für mich/den Job/Spaziergang/Einkauf gemacht

Beim Einkauf habe ich mir etwas gekauft und freue mich darüber

Ich habe auch etwas für jemanden gekauft, wir freuen uns

Auf meinen Wegen habe ich nette Menschen getroffen

Ich habe mich auf das Mittagessen gefreut und es genossen

Heute habe ich eine gute Musik gehört

Ich habe meditiert

Alles war gut im Job und/oder bei der Haus- und Gartenarbeit

Ich habe mich auf das Abendessen gefreut und es genossen

Den Sonnenuntergang habe ich verfolgt

Ich freue mich auf mein Bett und erwarte den neuen Tag

Eigene Angaben: _____

_____

Datum:

Was hat mich heute glücklich gemacht?  Ja/Nein

Nach dem Aufstehen habe ich mich auf den Kaffee/Tee gefreut

Ich habe die Morgensonne erlebt

Über das Frühstück habe ich mich gefreut

Ich habe mich fein für mich/den Job/Spaziergang/Einkauf gemacht

Beim Einkauf habe ich mir etwas gekauft und freue mich darüber

Ich habe auch etwas für jemanden gekauft, wir freuen uns

Auf meinen Wegen habe ich nette Menschen getroffen

Ich habe mich auf das Mittagessen gefreut und es genossen

Heute habe ich eine gute Musik gehört

Ich habe meditiert

Alles war gut im Job und/oder bei der Haus- und Gartenarbeit

Ich habe mich auf das Abendessen gefreut und es genossen

Den Sonnenuntergang habe ich verfolgt

Ich freue mich auf mein Bett und erwarte den neuen Tag

Eigene Angaben: _____

_____

Datum:

Was hat mich heute glücklich gemacht?   **Ja/Nein**

Nach dem Aufstehen habe ich mich auf den Kaffee/Tee gefreut

Ich habe die Morgensonne erlebt

Über das Frühstück habe ich mich gefreut

Ich habe mich fein für mich/den Job/Spaziergang/Einkauf gemacht

Beim Einkauf habe ich mir etwas gekauft und freue mich darüber

Ich habe auch etwas für jemanden gekauft, wir freuen uns

Auf meinen Wegen habe ich nette Menschen getroffen

Ich habe mich auf das Mittagessen gefreut und es genossen

Heute habe ich eine gute Musik gehört

Ich habe meditiert

Alles war gut im Job und/oder bei der Haus- und Gartenarbeit

Ich habe mich auf das Abendessen gefreut und es genossen

Den Sonnenuntergang habe ich verfolgt

Ich freue mich auf mein Bett und erwarte den neuen Tag

Eigene Angaben: _____

_____

Datum:

Was hat mich heute glücklich gemacht?   **Ja/Nein**

Nach dem Aufstehen habe ich mich auf den Kaffee/Tee gefreut

Ich habe die Morgensonne erlebt

Über das Frühstück habe ich mich gefreut

Ich habe mich fein für mich/den Job/Spaziergang/Einkauf gemacht

Beim Einkauf habe ich mir etwas gekauft und freue mich darüber

Ich habe auch etwas für jemanden gekauft, wir freuen uns

Auf meinen Wegen habe ich nette Menschen getroffen

Ich habe mich auf das Mittagessen gefreut und es genossen

Heute habe ich eine gute Musik gehört

Ich habe meditiert

Alles war gut im Job und/oder bei der Haus- und Gartenarbeit

Ich habe mich auf das Abendessen gefreut und es genossen

Den Sonnenuntergang habe ich verfolgt

Ich freue mich auf mein Bett und erwarte den neuen Tag

Eigene Angaben: _____

_____

Datum:

Was hat mich heute glücklich gemacht?  Ja/Nein

Nach dem Aufstehen habe ich mich auf den Kaffee/Tee gefreut

Ich habe die Morgensonne erlebt

Über das Frühstück habe ich mich gefreut

Ich habe mich fein für mich/den Job/Spaziergang/Einkauf gemacht

Beim Einkauf habe ich mir etwas gekauft und freue mich darüber

Ich habe auch etwas für jemanden gekauft, wir freuen uns

Auf meinen Wegen habe ich nette Menschen getroffen

Ich habe mich auf das Mittagessen gefreut und es genossen

Heute habe ich eine gute Musik gehört

Ich habe meditiert

Alles war gut im Job und/oder bei der Haus- und Gartenarbeit

Ich habe mich auf das Abendessen gefreut und es genossen

Den Sonnenuntergang habe ich verfolgt

Ich freue mich auf mein Bett und erwarte den neuen Tag

Eigene Angaben: _____

_____

Datum:

Was hat mich heute glücklich gemacht?  Ja/Nein

Nach dem Aufstehen habe ich mich auf den Kaffee/Tee gefreut

Ich habe die Morgensonne erlebt

Über das Frühstück habe ich mich gefreut

Ich habe mich fein für mich/den Job/Spaziergang/Einkauf gemacht

Beim Einkauf habe ich mir etwas gekauft und freue mich darüber

Ich habe auch etwas für jemanden gekauft, wir freuen uns

Auf meinen Wegen habe ich nette Menschen getroffen

Ich habe mich auf das Mittagessen gefreut und es genossen

Heute habe ich eine gute Musik gehört

Ich habe meditiert

Alles war gut im Job und/oder bei der Haus- und Gartenarbeit

Ich habe mich auf das Abendessen gefreut und es genossen

Den Sonnenuntergang habe ich verfolgt

Ich freue mich auf mein Bett und erwarte den neuen Tag

Eigene Angaben: _____

_____

Datum:

Was hat mich heute glücklich gemacht?   **Ja/Nein**

Nach dem Aufstehen habe ich mich auf den Kaffee/Tee gefreut

Ich habe die Morgensonne erlebt

Über das Frühstück habe ich mich gefreut

Ich habe mich fein für mich/den Job/Spaziergang/Einkauf gemacht

Beim Einkauf habe ich mir etwas gekauft und freue mich darüber

Ich habe auch etwas für jemanden gekauft, wir freuen uns

Auf meinen Wegen habe ich nette Menschen getroffen

Ich habe mich auf das Mittagessen gefreut und es genossen

Heute habe ich eine gute Musik gehört

Ich habe meditiert

Alles war gut im Job und/oder bei der Haus- und Gartenarbeit

Ich habe mich auf das Abendessen gefreut und es genossen

Den Sonnenuntergang habe ich verfolgt

Ich freue mich auf mein Bett und erwarte den neuen Tag

Eigene Angaben: _____

_____

Datum:

Was hat mich heute glücklich gemacht?   **Ja/Nein**

Nach dem Aufstehen habe ich mich auf den Kaffee/Tee gefreut

Ich habe die Morgensonne erlebt

Über das Frühstück habe ich mich gefreut

Ich habe mich fein für mich/den Job/Spaziergang/Einkauf gemacht

Beim Einkauf habe ich mir etwas gekauft und freue mich darüber

Ich habe auch etwas für jemanden gekauft, wir freuen uns

Auf meinen Wegen habe ich nette Menschen getroffen

Ich habe mich auf das Mittagessen gefreut und es genossen

Heute habe ich eine gute Musik gehört

Ich habe meditiert

Alles war gut im Job und/oder bei der Haus- und Gartenarbeit

Ich habe mich auf das Abendessen gefreut und es genossen

Den Sonnenuntergang habe ich verfolgt

Ich freue mich auf mein Bett und erwarte den neuen Tag

Eigene Angaben: _____

Datum:

Was hat mich heute glücklich gemacht?   **Ja/Nein**

Nach dem Aufstehen habe ich mich auf den Kaffee/Tee gefreut

Ich habe die Morgensonne erlebt

Über das Frühstück habe ich mich gefreut

Ich habe mich fein für mich/den Job/Spaziergang/Einkauf gemacht

Beim Einkauf habe ich mir etwas gekauft und freue mich darüber

Ich habe auch etwas für jemanden gekauft, wir freuen uns

Auf meinen Wegen habe ich nette Menschen getroffen

Ich habe mich auf das Mittagessen gefreut und es genossen

Heute habe ich eine gute Musik gehört

Ich habe meditiert

Alles war gut im Job und/oder bei der Haus- und Gartenarbeit

Ich habe mich auf das Abendessen gefreut und es genossen

Den Sonnenuntergang habe ich verfolgt

Ich freue mich auf mein Bett und erwarte den neuen Tag

Eigene Angaben: _____

_____

Datum:

Was hat mich heute glücklich gemacht?   **Ja/Nein**

Nach dem Aufstehen habe ich mich auf den Kaffee/Tee gefreut

Ich habe die Morgensonne erlebt

Über das Frühstück habe ich mich gefreut

Ich habe mich fein für mich/den Job/Spaziergang/Einkauf gemacht

Beim Einkauf habe ich mir etwas gekauft und freue mich darüber

Ich habe auch etwas für jemanden gekauft, wir freuen uns

Auf meinen Wegen habe ich nette Menschen getroffen

Ich habe mich auf das Mittagessen gefreut und es genossen

Heute habe ich eine gute Musik gehört

Ich habe meditiert

Alles war gut im Job und/oder bei der Haus- und Gartenarbeit

Ich habe mich auf das Abendessen gefreut und es genossen

Den Sonnenuntergang habe ich verfolgt

Ich freue mich auf mein Bett und erwarte den neuen Tag

Eigene Angaben: _____

_____

Datum:

Was hat mich heute glücklich gemacht? Ja/Nein

Nach dem Aufstehen habe ich mich auf den Kaffee/Tee gefreut

Ich habe die Morgensonne erlebt

Über das Frühstück habe ich mich gefreut

Ich habe mich fein für mich/den Job/Spaziergang/Einkauf gemacht

Beim Einkauf habe ich mir etwas gekauft und freue mich darüber

Ich habe auch etwas für jemanden gekauft, wir freuen uns

Auf meinen Wegen habe ich nette Menschen getroffen

Ich habe mich auf das Mittagessen gefreut und es genossen

Heute habe ich eine gute Musik gehört

Ich habe meditiert

Alles war gut im Job und/oder bei der Haus- und Gartenarbeit

Ich habe mich auf das Abendessen gefreut und es genossen

Den Sonnenuntergang habe ich verfolgt

Ich freue mich auf mein Bett und erwarte den neuen Tag

Eigene Angaben: _____

Datum:

Was hat mich heute glücklich gemacht? Ja/Nein

Nach dem Aufstehen habe ich mich auf den Kaffee/Tee gefreut

Ich habe die Morgensonne erlebt

Über das Frühstück habe ich mich gefreut

Ich habe mich fein für mich/den Job/Spaziergang/Einkauf gemacht

Beim Einkauf habe ich mir etwas gekauft und freue mich darüber

Ich habe auch etwas für jemanden gekauft, wir freuen uns

Auf meinen Wegen habe ich nette Menschen getroffen

Ich habe mich auf das Mittagessen gefreut und es genossen

Heute habe ich eine gute Musik gehört

Ich habe meditiert

Alles war gut im Job und/oder bei der Haus- und Gartenarbeit

Ich habe mich auf das Abendessen gefreut und es genossen

Den Sonnenuntergang habe ich verfolgt

Ich freue mich auf mein Bett und erwarte den neuen Tag

Eigene Angaben: _____

Datum:

Was hat mich heute glücklich gemacht?   **Ja/Nein**

Nach dem Aufstehen habe ich mich auf den Kaffee/Tee gefreut

Ich habe die Morgensonne erlebt

Über das Frühstück habe ich mich gefreut

Ich habe mich fein für mich/den Job/Spaziergang/Einkauf gemacht

Beim Einkauf habe ich mir etwas gekauft und freue mich darüber

Ich habe auch etwas für jemanden gekauft, wir freuen uns

Auf meinen Wegen habe ich nette Menschen getroffen

Ich habe mich auf das Mittagessen gefreut und es genossen

Heute habe ich eine gute Musik gehört

Ich habe meditiert

Alles war gut im Job und/oder bei der Haus- und Gartenarbeit

Ich habe mich auf das Abendessen gefreut und es genossen

Den Sonnenuntergang habe ich verfolgt

Ich freue mich auf mein Bett und erwarte den neuen Tag

Eigene Angaben: _____

_____

Datum:

Was hat mich heute glücklich gemacht?   **Ja/Nein**

Nach dem Aufstehen habe ich mich auf den Kaffee/Tee gefreut

Ich habe die Morgensonne erlebt

Über das Frühstück habe ich mich gefreut

Ich habe mich fein für mich/den Job/Spaziergang/Einkauf gemacht

Beim Einkauf habe ich mir etwas gekauft und freue mich darüber

Ich habe auch etwas für jemanden gekauft, wir freuen uns

Auf meinen Wegen habe ich nette Menschen getroffen

Ich habe mich auf das Mittagessen gefreut und es genossen

Heute habe ich eine gute Musik gehört

Ich habe meditiert

Alles war gut im Job und/oder bei der Haus- und Gartenarbeit

Ich habe mich auf das Abendessen gefreut und es genossen

Den Sonnenuntergang habe ich verfolgt

Ich freue mich auf mein Bett und erwarte den neuen Tag

Eigene Angaben: _____

_____

Datum:

Was hat mich heute glücklich gemacht?   **Ja/Nein**

Nach dem Aufstehen habe ich mich auf den Kaffee/Tee gefreut

Ich habe die Morgensonne erlebt

Über das Frühstück habe ich mich gefreut

Ich habe mich fein für mich/den Job/Spaziergang/Einkauf gemacht

Beim Einkauf habe ich mir etwas gekauft und freue mich darüber

Ich habe auch etwas für jemanden gekauft, wir freuen uns

Auf meinen Wegen habe ich nette Menschen getroffen

Ich habe mich auf das Mittagessen gefreut und es genossen

Heute habe ich eine gute Musik gehört

Ich habe meditiert

Alles war gut im Job und/oder bei der Haus- und Gartenarbeit

Ich habe mich auf das Abendessen gefreut und es genossen

Den Sonnenuntergang habe ich verfolgt

Ich freue mich auf mein Bett und erwarte den neuen Tag

Eigene Angaben: _____

Datum:

Was hat mich heute glücklich gemacht?   **Ja/Nein**

Nach dem Aufstehen habe ich mich auf den Kaffee/Tee gefreut

Ich habe die Morgensonne erlebt

Über das Frühstück habe ich mich gefreut

Ich habe mich fein für mich/den Job/Spaziergang/Einkauf gemacht

Beim Einkauf habe ich mir etwas gekauft und freue mich darüber

Ich habe auch etwas für jemanden gekauft, wir freuen uns

Auf meinen Wegen habe ich nette Menschen getroffen

Ich habe mich auf das Mittagessen gefreut und es genossen

Heute habe ich eine gute Musik gehört

Ich habe meditiert

Alles war gut im Job und/oder bei der Haus- und Gartenarbeit

Ich habe mich auf das Abendessen gefreut und es genossen

Den Sonnenuntergang habe ich verfolgt

Ich freue mich auf mein Bett und erwarte den neuen Tag

Eigene Angaben: _____

Datum:

Was hat mich heute glücklich gemacht?   **Ja/Nein**

Nach dem Aufstehen habe ich mich auf den Kaffee/Tee gefreut

Ich habe die Morgensonne erlebt

Über das Frühstück habe ich mich gefreut

Ich habe mich fein für mich/den Job/Spaziergang/Einkauf gemacht

Beim Einkauf habe ich mir etwas gekauft und freue mich darüber

Ich habe auch etwas für jemanden gekauft, wir freuen uns

Auf meinen Wegen habe ich nette Menschen getroffen

Ich habe mich auf das Mittagessen gefreut und es genossen

Heute habe ich eine gute Musik gehört

Ich habe meditiert

Alles war gut im Job und/oder bei der Haus- und Gartenarbeit

Ich habe mich auf das Abendessen gefreut und es genossen

Den Sonnenuntergang habe ich verfolgt

Ich freue mich auf mein Bett und erwarte den neuen Tag

Eigene Angaben: _____

_____

Datum:

Was hat mich heute glücklich gemacht?   **Ja/Nein**

Nach dem Aufstehen habe ich mich auf den Kaffee/Tee gefreut

Ich habe die Morgensonne erlebt

Über das Frühstück habe ich mich gefreut

Ich habe mich fein für mich/den Job/Spaziergang/Einkauf gemacht

Beim Einkauf habe ich mir etwas gekauft und freue mich darüber

Ich habe auch etwas für jemanden gekauft, wir freuen uns

Auf meinen Wegen habe ich nette Menschen getroffen

Ich habe mich auf das Mittagessen gefreut und es genossen

Heute habe ich eine gute Musik gehört

Ich habe meditiert

Alles war gut im Job und/oder bei der Haus- und Gartenarbeit

Ich habe mich auf das Abendessen gefreut und es genossen

Den Sonnenuntergang habe ich verfolgt

Ich freue mich auf mein Bett und erwarte den neuen Tag

Eigene Angaben: _____

_____

Datum:

Was hat mich heute glücklich gemacht?   **Ja/Nein**

Nach dem Aufstehen habe ich mich auf den Kaffee/Tee gefreut

Ich habe die Morgensonne erlebt

Über das Frühstück habe ich mich gefreut

Ich habe mich fein für mich/den Job/Spaziergang/Einkauf gemacht

Beim Einkauf habe ich mir etwas gekauft und freue mich darüber

Ich habe auch etwas für jemanden gekauft, wir freuen uns

Auf meinen Wegen habe ich nette Menschen getroffen

Ich habe mich auf das Mittagessen gefreut und es genossen

Heute habe ich eine gute Musik gehört

Ich habe meditiert

Alles war gut im Job und/oder bei der Haus- und Gartenarbeit

Ich habe mich auf das Abendessen gefreut und es genossen

Den Sonnenuntergang habe ich verfolgt

Ich freue mich auf mein Bett und erwarte den neuen Tag

Eigene Angaben: _____

_____

Datum:

Was hat mich heute glücklich gemacht?   **Ja/Nein**

Nach dem Aufstehen habe ich mich auf den Kaffee/Tee gefreut

Ich habe die Morgensonne erlebt

Über das Frühstück habe ich mich gefreut

Ich habe mich fein für mich/den Job/Spaziergang/Einkauf gemacht

Beim Einkauf habe ich mir etwas gekauft und freue mich darüber

Ich habe auch etwas für jemanden gekauft, wir freuen uns

Auf meinen Wegen habe ich nette Menschen getroffen

Ich habe mich auf das Mittagessen gefreut und es genossen

Heute habe ich eine gute Musik gehört

Ich habe meditiert

Alles war gut im Job und/oder bei der Haus- und Gartenarbeit

Ich habe mich auf das Abendessen gefreut und es genossen

Den Sonnenuntergang habe ich verfolgt

Ich freue mich auf mein Bett und erwarte den neuen Tag

Eigene Angaben: _____

_____

Datum:

Was hat mich heute glücklich gemacht? Ja/Nein

Nach dem Aufstehen habe ich mich auf den Kaffee/Tee gefreut

Ich habe die Morgensonne erlebt

Über das Frühstück habe ich mich gefreut

Ich habe mich fein für mich/den Job/Spaziergang/Einkauf gemacht

Beim Einkauf habe ich mir etwas gekauft und freue mich darüber

Ich habe auch etwas für jemanden gekauft, wir freuen uns

Auf meinen Wegen habe ich nette Menschen getroffen

Ich habe mich auf das Mittagessen gefreut und es genossen

Heute habe ich eine gute Musik gehört

Ich habe meditiert

Alles war gut im Job und/oder bei der Haus- und Gartenarbeit

Ich habe mich auf das Abendessen gefreut und es genossen

Den Sonnenuntergang habe ich verfolgt

Ich freue mich auf mein Bett und erwarte den neuen Tag

Eigene Angaben: _____

_____

Datum:

Was hat mich heute glücklich gemacht? Ja/Nein

Nach dem Aufstehen habe ich mich auf den Kaffee/Tee gefreut

Ich habe die Morgensonne erlebt

Über das Frühstück habe ich mich gefreut

Ich habe mich fein für mich/den Job/Spaziergang/Einkauf gemacht

Beim Einkauf habe ich mir etwas gekauft und freue mich darüber

Ich habe auch etwas für jemanden gekauft, wir freuen uns

Auf meinen Wegen habe ich nette Menschen getroffen

Ich habe mich auf das Mittagessen gefreut und es genossen

Heute habe ich eine gute Musik gehört

Ich habe meditiert

Alles war gut im Job und/oder bei der Haus- und Gartenarbeit

Ich habe mich auf das Abendessen gefreut und es genossen

Den Sonnenuntergang habe ich verfolgt

Ich freue mich auf mein Bett und erwarte den neuen Tag

Eigene Angaben: _____

_____

Datum:

Was hat mich heute glücklich gemacht?   **Ja/Nein**

Nach dem Aufstehen habe ich mich auf den Kaffee/Tee gefreut

Ich habe die Morgensonne erlebt

Über das Frühstück habe ich mich gefreut

Ich habe mich fein für mich/den Job/Spaziergang/Einkauf gemacht

Beim Einkauf habe ich mir etwas gekauft und freue mich darüber

Ich habe auch etwas für jemanden gekauft, wir freuen uns

Auf meinen Wegen habe ich nette Menschen getroffen

Ich habe mich auf das Mittagessen gefreut und es genossen

Heute habe ich eine gute Musik gehört

Ich habe meditiert

Alles war gut im Job und/oder bei der Haus- und Gartenarbeit

Ich habe mich auf das Abendessen gefreut und es genossen

Den Sonnenuntergang habe ich verfolgt

Ich freue mich auf mein Bett und erwarte den neuen Tag

Eigene Angaben: _____

_____

Datum:

Was hat mich heute glücklich gemacht?   **Ja/Nein**

Nach dem Aufstehen habe ich mich auf den Kaffee/Tee gefreut

Ich habe die Morgensonne erlebt

Über das Frühstück habe ich mich gefreut

Ich habe mich fein für mich/den Job/Spaziergang/Einkauf gemacht

Beim Einkauf habe ich mir etwas gekauft und freue mich darüber

Ich habe auch etwas für jemanden gekauft, wir freuen uns

Auf meinen Wegen habe ich nette Menschen getroffen

Ich habe mich auf das Mittagessen gefreut und es genossen

Heute habe ich eine gute Musik gehört

Ich habe meditiert

Alles war gut im Job und/oder bei der Haus- und Gartenarbeit

Ich habe mich auf das Abendessen gefreut und es genossen

Den Sonnenuntergang habe ich verfolgt

Ich freue mich auf mein Bett und erwarte den neuen Tag

Eigene Angaben: _____

_____

Datum:

Was hat mich heute glücklich gemacht? Ja/Nein

Nach dem Aufstehen habe ich mich auf den Kaffee/Tee gefreut

Ich habe die Morgensonne erlebt

Über das Frühstück habe ich mich gefreut

Ich habe mich fein für mich/den Job/Spaziergang/Einkauf gemacht

Beim Einkauf habe ich mir etwas gekauft und freue mich darüber

Ich habe auch etwas für jemanden gekauft, wir freuen uns

Auf meinen Wegen habe ich nette Menschen getroffen

Ich habe mich auf das Mittagessen gefreut und es genossen

Heute habe ich eine gute Musik gehört

Ich habe meditiert

Alles war gut im Job und/oder bei der Haus- und Gartenarbeit

Ich habe mich auf das Abendessen gefreut und es genossen

Den Sonnenuntergang habe ich verfolgt

Ich freue mich auf mein Bett und erwarte den neuen Tag

Eigene Angaben: _____

_____

Datum:

Was hat mich heute glücklich gemacht? Ja/Nein

Nach dem Aufstehen habe ich mich auf den Kaffee/Tee gefreut

Ich habe die Morgensonne erlebt

Über das Frühstück habe ich mich gefreut

Ich habe mich fein für mich/den Job/Spaziergang/Einkauf gemacht

Beim Einkauf habe ich mir etwas gekauft und freue mich darüber

Ich habe auch etwas für jemanden gekauft, wir freuen uns

Auf meinen Wegen habe ich nette Menschen getroffen

Ich habe mich auf das Mittagessen gefreut und es genossen

Heute habe ich eine gute Musik gehört

Ich habe meditiert

Alles war gut im Job und/oder bei der Haus- und Gartenarbeit

Ich habe mich auf das Abendessen gefreut und es genossen

Den Sonnenuntergang habe ich verfolgt

Ich freue mich auf mein Bett und erwarte den neuen Tag

Eigene Angaben: _____

_____

Datum:

Was hat mich heute glücklich gemacht?   **Ja/Nein**

Nach dem Aufstehen habe ich mich auf den Kaffee/Tee gefreut

Ich habe die Morgensonne erlebt

Über das Frühstück habe ich mich gefreut

Ich habe mich fein für mich/den Job/Spaziergang/Einkauf gemacht

Beim Einkauf habe ich mir etwas gekauft und freue mich darüber

Ich habe auch etwas für jemanden gekauft, wir freuen uns

Auf meinen Wegen habe ich nette Menschen getroffen

Ich habe mich auf das Mittagessen gefreut und es genossen

Heute habe ich eine gute Musik gehört

Ich habe meditiert

Alles war gut im Job und/oder bei der Haus- und Gartenarbeit

Ich habe mich auf das Abendessen gefreut und es genossen

Den Sonnenuntergang habe ich verfolgt

Ich freue mich auf mein Bett und erwarte den neuen Tag

Eigene Angaben: _____

_____

Datum:

Was hat mich heute glücklich gemacht?   **Ja/Nein**

Nach dem Aufstehen habe ich mich auf den Kaffee/Tee gefreut

Ich habe die Morgensonne erlebt

Über das Frühstück habe ich mich gefreut

Ich habe mich fein für mich/den Job/Spaziergang/Einkauf gemacht

Beim Einkauf habe ich mir etwas gekauft und freue mich darüber

Ich habe auch etwas für jemanden gekauft, wir freuen uns

Auf meinen Wegen habe ich nette Menschen getroffen

Ich habe mich auf das Mittagessen gefreut und es genossen

Heute habe ich eine gute Musik gehört

Ich habe meditiert

Alles war gut im Job und/oder bei der Haus- und Gartenarbeit

Ich habe mich auf das Abendessen gefreut und es genossen

Den Sonnenuntergang habe ich verfolgt

Ich freue mich auf mein Bett und erwarte den neuen Tag

Eigene Angaben: _____

_____

Datum:

Was hat mich heute glücklich gemacht?   **Ja/Nein**

Nach dem Aufstehen habe ich mich auf den Kaffee/Tee gefreut

Ich habe die Morgensonne erlebt

Über das Frühstück habe ich mich gefreut

Ich habe mich fein für mich/den Job/Spaziergang/Einkauf gemacht

Beim Einkauf habe ich mir etwas gekauft und freue mich darüber

Ich habe auch etwas für jemanden gekauft, wir freuen uns

Auf meinen Wegen habe ich nette Menschen getroffen

Ich habe mich auf das Mittagessen gefreut und es genossen

Heute habe ich eine gute Musik gehört

Ich habe meditiert

Alles war gut im Job und/oder bei der Haus- und Gartenarbeit

Ich habe mich auf das Abendessen gefreut und es genossen

Den Sonnenuntergang habe ich verfolgt

Ich freue mich auf mein Bett und erwarte den neuen Tag

Eigene Angaben: _____

_____

Datum:

Was hat mich heute glücklich gemacht?   **Ja/Nein**

Nach dem Aufstehen habe ich mich auf den Kaffee/Tee gefreut

Ich habe die Morgensonne erlebt

Über das Frühstück habe ich mich gefreut

Ich habe mich fein für mich/den Job/Spaziergang/Einkauf gemacht

Beim Einkauf habe ich mir etwas gekauft und freue mich darüber

Ich habe auch etwas für jemanden gekauft, wir freuen uns

Auf meinen Wegen habe ich nette Menschen getroffen

Ich habe mich auf das Mittagessen gefreut und es genossen

Heute habe ich eine gute Musik gehört

Ich habe meditiert

Alles war gut im Job und/oder bei der Haus- und Gartenarbeit

Ich habe mich auf das Abendessen gefreut und es genossen

Den Sonnenuntergang habe ich verfolgt

Ich freue mich auf mein Bett und erwarte den neuen Tag

Eigene Angaben: _____

Datum:

Was hat mich heute glücklich gemacht?   **Ja/Nein**

Nach dem Aufstehen habe ich mich auf den Kaffee/Tee gefreut

Ich habe die Morgensonne erlebt

Über das Frühstück habe ich mich gefreut

Ich habe mich fein für mich/den Job/Spaziergang/Einkauf gemacht

Beim Einkauf habe ich mir etwas gekauft und freue mich darüber

Ich habe auch etwas für jemanden gekauft, wir freuen uns

Auf meinen Wegen habe ich nette Menschen getroffen

Ich habe mich auf das Mittagessen gefreut und es genossen

Heute habe ich eine gute Musik gehört

Ich habe meditiert

Alles war gut im Job und/oder bei der Haus- und Gartenarbeit

Ich habe mich auf das Abendessen gefreut und es genossen

Den Sonnenuntergang habe ich verfolgt

Ich freue mich auf mein Bett und erwarte den neuen Tag

Eigene Angaben: _____

_____

Datum:

Was hat mich heute glücklich gemacht?   **Ja/Nein**

Nach dem Aufstehen habe ich mich auf den Kaffee/Tee gefreut

Ich habe die Morgensonne erlebt

Über das Frühstück habe ich mich gefreut

Ich habe mich fein für mich/den Job/Spaziergang/Einkauf gemacht

Beim Einkauf habe ich mir etwas gekauft und freue mich darüber

Ich habe auch etwas für jemanden gekauft, wir freuen uns

Auf meinen Wegen habe ich nette Menschen getroffen

Ich habe mich auf das Mittagessen gefreut und es genossen

Heute habe ich eine gute Musik gehört

Ich habe meditiert

Alles war gut im Job und/oder bei der Haus- und Gartenarbeit

Ich habe mich auf das Abendessen gefreut und es genossen

Den Sonnenuntergang habe ich verfolgt

Ich freue mich auf mein Bett und erwarte den neuen Tag

Eigene Angaben: _____

_____

Datum:

Was hat mich heute glücklich gemacht?   **Ja/Nein**

Nach dem Aufstehen habe ich mich auf den Kaffee/Tee gefreut

Ich habe die Morgensonne erlebt

Über das Frühstück habe ich mich gefreut

Ich habe mich fein für mich/den Job/Spaziergang/Einkauf gemacht

Beim Einkauf habe ich mir etwas gekauft und freue mich darüber

Ich habe auch etwas für jemanden gekauft, wir freuen uns

Auf meinen Wegen habe ich nette Menschen getroffen

Ich habe mich auf das Mittagessen gefreut und es genossen

Heute habe ich eine gute Musik gehört

Ich habe meditiert

Alles war gut im Job und/oder bei der Haus- und Gartenarbeit

Ich habe mich auf das Abendessen gefreut und es genossen

Den Sonnenuntergang habe ich verfolgt

Ich freue mich auf mein Bett und erwarte den neuen Tag

Eigene Angaben: _____

_____

Datum:

Was hat mich heute glücklich gemacht?   **Ja/Nein**

Nach dem Aufstehen habe ich mich auf den Kaffee/Tee gefreut

Ich habe die Morgensonne erlebt

Über das Frühstück habe ich mich gefreut

Ich habe mich fein für mich/den Job/Spaziergang/Einkauf gemacht

Beim Einkauf habe ich mir etwas gekauft und freue mich darüber

Ich habe auch etwas für jemanden gekauft, wir freuen uns

Auf meinen Wegen habe ich nette Menschen getroffen

Ich habe mich auf das Mittagessen gefreut und es genossen

Heute habe ich eine gute Musik gehört

Ich habe meditiert

Alles war gut im Job und/oder bei der Haus- und Gartenarbeit

Ich habe mich auf das Abendessen gefreut und es genossen

Den Sonnenuntergang habe ich verfolgt

Ich freue mich auf mein Bett und erwarte den neuen Tag

Eigene Angaben: _____

_____

Datum:

Was hat mich heute glücklich gemacht?   **Ja/Nein**

Nach dem Aufstehen habe ich mich auf den Kaffee/Tee gefreut

Ich habe die Morgensonne erlebt

Über das Frühstück habe ich mich gefreut

Ich habe mich fein für mich/den Job/Spaziergang/Einkauf gemacht

Beim Einkauf habe ich mir etwas gekauft und freue mich darüber

Ich habe auch etwas für jemanden gekauft, wir freuen uns

Auf meinen Wegen habe ich nette Menschen getroffen

Ich habe mich auf das Mittagessen gefreut und es genossen

Heute habe ich eine gute Musik gehört

Ich habe meditiert

Alles war gut im Job und/oder bei der Haus- und Gartenarbeit

Ich habe mich auf das Abendessen gefreut und es genossen

Den Sonnenuntergang habe ich verfolgt

Ich freue mich auf mein Bett und erwarte den neuen Tag

Eigene Angaben: _____

_____

Datum:

Was hat mich heute glücklich gemacht?   **Ja/Nein**

Nach dem Aufstehen habe ich mich auf den Kaffee/Tee gefreut

Ich habe die Morgensonne erlebt

Über das Frühstück habe ich mich gefreut

Ich habe mich fein für mich/den Job/Spaziergang/Einkauf gemacht

Beim Einkauf habe ich mir etwas gekauft und freue mich darüber

Ich habe auch etwas für jemanden gekauft, wir freuen uns

Auf meinen Wegen habe ich nette Menschen getroffen

Ich habe mich auf das Mittagessen gefreut und es genossen

Heute habe ich eine gute Musik gehört

Ich habe meditiert

Alles war gut im Job und/oder bei der Haus- und Gartenarbeit

Ich habe mich auf das Abendessen gefreut und es genossen

Den Sonnenuntergang habe ich verfolgt

Ich freue mich auf mein Bett und erwarte den neuen Tag

Eigene Angaben: _____

_____

Datum:

Was hat mich heute glücklich gemacht?   **Ja/Nein**

Nach dem Aufstehen habe ich mich auf den Kaffee/Tee gefreut

Ich habe die Morgensonne erlebt

Über das Frühstück habe ich mich gefreut

Ich habe mich fein für mich/den Job/Spaziergang/Einkauf gemacht

Beim Einkauf habe ich mir etwas gekauft und freue mich darüber

Ich habe auch etwas für jemanden gekauft, wir freuen uns

Auf meinen Wegen habe ich nette Menschen getroffen

Ich habe mich auf das Mittagessen gefreut und es genossen

Heute habe ich eine gute Musik gehört

Ich habe meditiert

Alles war gut im Job und/oder bei der Haus- und Gartenarbeit

Ich habe mich auf das Abendessen gefreut und es genossen

Den Sonnenuntergang habe ich verfolgt

Ich freue mich auf mein Bett und erwarte den neuen Tag

Eigene Angaben: _____

_____

Datum:

Was hat mich heute glücklich gemacht?   **Ja/Nein**

Nach dem Aufstehen habe ich mich auf den Kaffee/Tee gefreut

Ich habe die Morgensonne erlebt

Über das Frühstück habe ich mich gefreut

Ich habe mich fein für mich/den Job/Spaziergang/Einkauf gemacht

Beim Einkauf habe ich mir etwas gekauft und freue mich darüber

Ich habe auch etwas für jemanden gekauft, wir freuen uns

Auf meinen Wegen habe ich nette Menschen getroffen

Ich habe mich auf das Mittagessen gefreut und es genossen

Heute habe ich eine gute Musik gehört

Ich habe meditiert

Alles war gut im Job und/oder bei der Haus- und Gartenarbeit

Ich habe mich auf das Abendessen gefreut und es genossen

Den Sonnenuntergang habe ich verfolgt

Ich freue mich auf mein Bett und erwarte den neuen Tag

Eigene Angaben: _____

_____

Datum:

Was hat mich heute glücklich gemacht?   **Ja/Nein**

Nach dem Aufstehen habe ich mich auf den Kaffee/Tee gefreut

Ich habe die Morgensonne erlebt

Über das Frühstück habe ich mich gefreut

Ich habe mich fein für mich/den Job/Spaziergang/Einkauf gemacht

Beim Einkauf habe ich mir etwas gekauft und freue mich darüber

Ich habe auch etwas für jemanden gekauft, wir freuen uns

Auf meinen Wegen habe ich nette Menschen getroffen

Ich habe mich auf das Mittagessen gefreut und es genossen

Heute habe ich eine gute Musik gehört

Ich habe meditiert

Alles war gut im Job und/oder bei der Haus- und Gartenarbeit

Ich habe mich auf das Abendessen gefreut und es genossen

Den Sonnenuntergang habe ich verfolgt

Ich freue mich auf mein Bett und erwarte den neuen Tag

Eigene Angaben: _____

_____

Datum:

Was hat mich heute glücklich gemacht?   **Ja/Nein**

Nach dem Aufstehen habe ich mich auf den Kaffee/Tee gefreut

Ich habe die Morgensonne erlebt

Über das Frühstück habe ich mich gefreut

Ich habe mich fein für mich/den Job/Spaziergang/Einkauf gemacht

Beim Einkauf habe ich mir etwas gekauft und freue mich darüber

Ich habe auch etwas für jemanden gekauft, wir freuen uns

Auf meinen Wegen habe ich nette Menschen getroffen

Ich habe mich auf das Mittagessen gefreut und es genossen

Heute habe ich eine gute Musik gehört

Ich habe meditiert

Alles war gut im Job und/oder bei der Haus- und Gartenarbeit

Ich habe mich auf das Abendessen gefreut und es genossen

Den Sonnenuntergang habe ich verfolgt

Ich freue mich auf mein Bett und erwarte den neuen Tag

Eigene Angaben: _____

_____

Datum:

Was hat mich heute glücklich gemacht? Ja/Nein

Nach dem Aufstehen habe ich mich auf den Kaffee/Tee gefreut

Ich habe die Morgensonne erlebt

Über das Frühstück habe ich mich gefreut

Ich habe mich fein für mich/den Job/Spaziergang/Einkauf gemacht

Beim Einkauf habe ich mir etwas gekauft und freue mich darüber

Ich habe auch etwas für jemanden gekauft, wir freuen uns

Auf meinen Wegen habe ich nette Menschen getroffen

Ich habe mich auf das Mittagessen gefreut und es genossen

Heute habe ich eine gute Musik gehört

Ich habe meditiert

Alles war gut im Job und/oder bei der Haus- und Gartenarbeit

Ich habe mich auf das Abendessen gefreut und es genossen

Den Sonnenuntergang habe ich verfolgt

Ich freue mich auf mein Bett und erwarte den neuen Tag

Eigene Angaben: _____

_____

Datum:

Was hat mich heute glücklich gemacht? Ja/Nein

Nach dem Aufstehen habe ich mich auf den Kaffee/Tee gefreut

Ich habe die Morgensonne erlebt

Über das Frühstück habe ich mich gefreut

Ich habe mich fein für mich/den Job/Spaziergang/Einkauf gemacht

Beim Einkauf habe ich mir etwas gekauft und freue mich darüber

Ich habe auch etwas für jemanden gekauft, wir freuen uns

Auf meinen Wegen habe ich nette Menschen getroffen

Ich habe mich auf das Mittagessen gefreut und es genossen

Heute habe ich eine gute Musik gehört

Ich habe meditiert

Alles war gut im Job und/oder bei der Haus- und Gartenarbeit

Ich habe mich auf das Abendessen gefreut und es genossen

Den Sonnenuntergang habe ich verfolgt

Ich freue mich auf mein Bett und erwarte den neuen Tag

Eigene Angaben: _____

_____

Datum:

Was hat mich heute glücklich gemacht?   **Ja/Nein**

Nach dem Aufstehen habe ich mich auf den Kaffee/Tee gefreut

Ich habe die Morgensonne erlebt

Über das Frühstück habe ich mich gefreut

Ich habe mich fein für mich/den Job/Spaziergang/Einkauf gemacht

Beim Einkauf habe ich mir etwas gekauft und freue mich darüber

Ich habe auch etwas für jemanden gekauft, wir freuen uns

Auf meinen Wegen habe ich nette Menschen getroffen

Ich habe mich auf das Mittagessen gefreut und es genossen

Heute habe ich eine gute Musik gehört

Ich habe meditiert

Alles war gut im Job und/oder bei der Haus- und Gartenarbeit

Ich habe mich auf das Abendessen gefreut und es genossen

Den Sonnenuntergang habe ich verfolgt

Ich freue mich auf mein Bett und erwarte den neuen Tag

Eigene Angaben: _____

_____

Datum:

Was hat mich heute glücklich gemacht?   **Ja/Nein**

Nach dem Aufstehen habe ich mich auf den Kaffee/Tee gefreut

Ich habe die Morgensonne erlebt

Über das Frühstück habe ich mich gefreut

Ich habe mich fein für mich/den Job/Spaziergang/Einkauf gemacht

Beim Einkauf habe ich mir etwas gekauft und freue mich darüber

Ich habe auch etwas für jemanden gekauft, wir freuen uns

Auf meinen Wegen habe ich nette Menschen getroffen

Ich habe mich auf das Mittagessen gefreut und es genossen

Heute habe ich eine gute Musik gehört

Ich habe meditiert

Alles war gut im Job und/oder bei der Haus- und Gartenarbeit

Ich habe mich auf das Abendessen gefreut und es genossen

Den Sonnenuntergang habe ich verfolgt

Ich freue mich auf mein Bett und erwarte den neuen Tag

Eigene Angaben: _____

_____

Datum:

Was hat mich heute glücklich gemacht?   **Ja/Nein**

Nach dem Aufstehen habe ich mich auf den Kaffee/Tee gefreut

Ich habe die Morgensonne erlebt

Über das Frühstück habe ich mich gefreut

Ich habe mich fein für mich/den Job/Spaziergang/Einkauf gemacht

Beim Einkauf habe ich mir etwas gekauft und freue mich darüber

Ich habe auch etwas für jemanden gekauft, wir freuen uns

Auf meinen Wegen habe ich nette Menschen getroffen

Ich habe mich auf das Mittagessen gefreut und es genossen

Heute habe ich eine gute Musik gehört

Ich habe meditiert

Alles war gut im Job und/oder bei der Haus- und Gartenarbeit

Ich habe mich auf das Abendessen gefreut und es genossen

Den Sonnenuntergang habe ich verfolgt

Ich freue mich auf mein Bett und erwarte den neuen Tag

Eigene Angaben: _____

_____

Datum:

Was hat mich heute glücklich gemacht?   **Ja/Nein**

Nach dem Aufstehen habe ich mich auf den Kaffee/Tee gefreut

Ich habe die Morgensonne erlebt

Über das Frühstück habe ich mich gefreut

Ich habe mich fein für mich/den Job/Spaziergang/Einkauf gemacht

Beim Einkauf habe ich mir etwas gekauft und freue mich darüber

Ich habe auch etwas für jemanden gekauft, wir freuen uns

Auf meinen Wegen habe ich nette Menschen getroffen

Ich habe mich auf das Mittagessen gefreut und es genossen

Heute habe ich eine gute Musik gehört

Ich habe meditiert

Alles war gut im Job und/oder bei der Haus- und Gartenarbeit

Ich habe mich auf das Abendessen gefreut und es genossen

Den Sonnenuntergang habe ich verfolgt

Ich freue mich auf mein Bett und erwarte den neuen Tag

Eigene Angaben: _____

_____

Datum:

Was hat mich heute glücklich gemacht? **Ja/Nein**

Nach dem Aufstehen habe ich mich auf den Kaffee/Tee gefreut

Ich habe die Morgensonne erlebt

Über das Frühstück habe ich mich gefreut

Ich habe mich fein für mich/den Job/Spaziergang/Einkauf gemacht

Beim Einkauf habe ich mir etwas gekauft und freue mich darüber

Ich habe auch etwas für jemanden gekauft, wir freuen uns

Auf meinen Wegen habe ich nette Menschen getroffen

Ich habe mich auf das Mittagessen gefreut und es genossen

Heute habe ich eine gute Musik gehört

Ich habe meditiert

Alles war gut im Job und/oder bei der Haus- und Gartenarbeit

Ich habe mich auf das Abendessen gefreut und es genossen

Den Sonnenuntergang habe ich verfolgt

Ich freue mich auf mein Bett und erwarte den neuen Tag

Eigene Angaben: _____

_____

Datum:

Was hat mich heute glücklich gemacht? **Ja/Nein**

Nach dem Aufstehen habe ich mich auf den Kaffee/Tee gefreut

Ich habe die Morgensonne erlebt

Über das Frühstück habe ich mich gefreut

Ich habe mich fein für mich/den Job/Spaziergang/Einkauf gemacht

Beim Einkauf habe ich mir etwas gekauft und freue mich darüber

Ich habe auch etwas für jemanden gekauft, wir freuen uns

Auf meinen Wegen habe ich nette Menschen getroffen

Ich habe mich auf das Mittagessen gefreut und es genossen

Heute habe ich eine gute Musik gehört

Ich habe meditiert

Alles war gut im Job und/oder bei der Haus- und Gartenarbeit

Ich habe mich auf das Abendessen gefreut und es genossen

Den Sonnenuntergang habe ich verfolgt

Ich freue mich auf mein Bett und erwarte den neuen Tag

Eigene Angaben: _____

_____

Was hat mich heute glücklich gemacht?   **Ja/Nein**

Heute ist der _____ , ich genoss die frische Luft, die
durch das geöffnete Fenster hereinkam. Dazu die Tasse Kaffee oder Tee.
Bei jedem Schluck wurde mir bewusst, wie wichtig ich mir bin und auf dieser
schönen Welt sein kann. Ich lerne die Dinge und die Zeit zu genießen.
Was hat mich heute noch glücklich oder zufrieden gemacht? War es ein Ort,
eine Person oder ein Gegenstand? War es ein Geruch, eine Musik, ein Gespräch?

_____

_____

_____

_____

_____

Was hat mich heute glücklich gemacht?   **Ja/Nein**

Heute ist der _____ , ich genoss die frische Luft, die
durch das geöffnete Fenster hereinkam. Dazu die Tasse Kaffee oder Tee.
Bei jedem Schluck wurde mir bewusst, wie wichtig ich mir bin und auf dieser
schönen Welt sein kann. Ich lerne die Dinge und die Zeit zu genießen.
Was hat mich heute noch glücklich oder zufrieden gemacht? War es ein Ort,
eine Person oder ein Gegenstand? War es ein Geruch, eine Musik, ein Gespräch?

_____

_____

_____

_____

_____

Was hat mich heute glücklich gemacht?   **Ja/Nein**

Heute ist der _____ , ich genoss die frische Luft, die
durch das geöffnete Fenster hereinkam. Dazu die Tasse Kaffee oder Tee.
Bei jedem Schluck wurde mir bewusst, wie wichtig ich mir bin und auf dieser
schönen Welt sein kann. Ich lerne die Dinge und die Zeit zu genießen.
Was hat mich heute noch glücklich oder zufrieden gemacht? War es ein Ort,
eine Person oder ein Gegenstand? War es ein Geruch, eine Musik, ein Gespräch?

_____

_____

_____

_____

_____

Was hat mich heute glücklich gemacht? **Ja/Nein**

Heute ist der _____ , ich genoss die frische Luft, die
durch das geöffnete Fenster hereinkam. Dazu die Tasse Kaffee oder Tee.
Bei jedem Schluck wurde mir bewusst, wie wichtig ich mir bin und auf dieser
schönen Welt sein kann. Ich lerne die Dinge und die Zeit zu genießen.
Was hat mich heute noch glücklich oder zufrieden gemacht? War es ein Ort,
eine Person oder ein Gegenstand? War es ein Geruch, eine Musik, ein Gespräch?

_____

_____

_____

_____

_____

Was hat mich heute glücklich gemacht? **Ja/Nein**

Heute ist der _____ , ich genoss die frische Luft, die
durch das geöffnete Fenster hereinkam. Dazu die Tasse Kaffee oder Tee.
Bei jedem Schluck wurde mir bewusst, wie wichtig ich mir bin und auf dieser
schönen Welt sein kann. Ich lerne die Dinge und die Zeit zu genießen.
Was hat mich heute noch glücklich oder zufrieden gemacht? War es ein Ort,
eine Person oder ein Gegenstand? War es ein Geruch, eine Musik, ein Gespräch?

_____

_____

_____

_____

_____

Was hat mich heute glücklich gemacht? **Ja/Nein**

Heute ist der _____ , ich genoss die frische Luft, die
durch das geöffnete Fenster hereinkam. Dazu die Tasse Kaffee oder Tee.
Bei jedem Schluck wurde mir bewusst, wie wichtig ich mir bin und auf dieser
schönen Welt sein kann. Ich lerne die Dinge und die Zeit zu genießen.
Was hat mich heute noch glücklich oder zufrieden gemacht? War es ein Ort,
eine Person oder ein Gegenstand? War es ein Geruch, eine Musik, ein Gespräch?

_____

_____

_____

_____

_____

Was hat mich heute glücklich gemacht?   **Ja/Nein**

Heute ist der _____ , ich genoss die frische Luft, die
durch das geöffnete Fenster hereinkam. Dazu die Tasse Kaffee oder Tee.
Bei jedem Schluck wurde mir bewusst, wie wichtig ich mir bin und auf dieser
schönen Welt sein kann. Ich lerne die Dinge und die Zeit zu genießen.
Was hat mich heute noch glücklich oder zufrieden gemacht? War es ein Ort,
eine Person oder ein Gegenstand? War es ein Geruch, eine Musik, ein Gespräch?

_____
_____
_____
_____
_____

Was hat mich heute glücklich gemacht?   **Ja/Nein**

Heute ist der _____ , ich genoss die frische Luft, die
durch das geöffnete Fenster hereinkam. Dazu die Tasse Kaffee oder Tee.
Bei jedem Schluck wurde mir bewusst, wie wichtig ich mir bin und auf dieser
schönen Welt sein kann. Ich lerne die Dinge und die Zeit zu genießen.
Was hat mich heute noch glücklich oder zufrieden gemacht? War es ein Ort,
eine Person oder ein Gegenstand? War es ein Geruch, eine Musik, ein Gespräch?

_____
_____
_____
_____
_____

Was hat mich heute glücklich gemacht?   **Ja/Nein**

Heute ist der _____ , ich genoss die frische Luft, die
durch das geöffnete Fenster hereinkam. Dazu die Tasse Kaffee oder Tee.
Bei jedem Schluck wurde mir bewusst, wie wichtig ich mir bin und auf dieser
schönen Welt sein kann. Ich lerne die Dinge und die Zeit zu genießen.
Was hat mich heute noch glücklich oder zufrieden gemacht? War es ein Ort,
eine Person oder ein Gegenstand? War es ein Geruch, eine Musik, ein Gespräch?

_____
_____
_____
_____
_____

Was hat mich heute glücklich gemacht?   **Ja/Nein**

Heute ist der _____ , ich genoss die frische Luft, die
durch das geöffnete Fenster hereinkam. Dazu die Tasse Kaffee oder Tee.
Bei jedem Schluck wurde mir bewusst, wie wichtig ich mir bin und auf dieser
schönen Welt sein kann. Ich lerne die Dinge und die Zeit zu genießen.
Was hat mich heute noch glücklich oder zufrieden gemacht? War es ein Ort,
eine Person oder ein Gegenstand? War es ein Geruch, eine Musik, ein Gespräch?

_____

_____

_____

_____

_____

Was hat mich heute glücklich gemacht?   **Ja/Nein**

Heute ist der _____ , ich genoss die frische Luft, die
durch das geöffnete Fenster hereinkam. Dazu die Tasse Kaffee oder Tee.
Bei jedem Schluck wurde mir bewusst, wie wichtig ich mir bin und auf dieser
schönen Welt sein kann. Ich lerne die Dinge und die Zeit zu genießen.
Was hat mich heute noch glücklich oder zufrieden gemacht? War es ein Ort,
eine Person oder ein Gegenstand? War es ein Geruch, eine Musik, ein Gespräch?

_____

_____

_____

_____

_____

Was hat mich heute glücklich gemacht?   **Ja/Nein**

Heute ist der _____ , ich genoss die frische Luft, die
durch das geöffnete Fenster hereinkam. Dazu die Tasse Kaffee oder Tee.
Bei jedem Schluck wurde mir bewusst, wie wichtig ich mir bin und auf dieser
schönen Welt sein kann. Ich lerne die Dinge und die Zeit zu genießen.
Was hat mich heute noch glücklich oder zufrieden gemacht? War es ein Ort,
eine Person oder ein Gegenstand? War es ein Geruch, eine Musik, ein Gespräch?

_____

_____

_____

_____

_____

Was hat mich heute glücklich gemacht?   **Ja/Nein**

Heute ist der _____ , ich genoss die frische Luft, die

durch das geöffnete Fenster hereinkam. Dazu die Tasse Kaffee oder Tee.

Bei jedem Schluck wurde mir bewusst, wie wichtig ich mir bin und auf dieser

schönen Welt sein kann. Ich lerne die Dinge und die Zeit zu genießen.

Was hat mich heute noch glücklich oder zufrieden gemacht? War es ein Ort,

eine Person oder ein Gegenstand? War es ein Geruch, eine Musik, ein Gespräch?

_____

_____

_____

_____

_____

Was hat mich heute glücklich gemacht?   **Ja/Nein**

Heute ist der _____ , ich genoss die frische Luft, die

durch das geöffnete Fenster hereinkam. Dazu die Tasse Kaffee oder Tee.

Bei jedem Schluck wurde mir bewusst, wie wichtig ich mir bin und auf dieser

schönen Welt sein kann. Ich lerne die Dinge und die Zeit zu genießen.

Was hat mich heute noch glücklich oder zufrieden gemacht? War es ein Ort,

eine Person oder ein Gegenstand? War es ein Geruch, eine Musik, ein Gespräch?

_____

_____

_____

_____

_____

Was hat mich heute glücklich gemacht?   **Ja/Nein**

Heute ist der _____ , ich genoss die frische Luft, die

durch das geöffnete Fenster hereinkam. Dazu die Tasse Kaffee oder Tee.

Bei jedem Schluck wurde mir bewusst, wie wichtig ich mir bin und auf dieser

schönen Welt sein kann. Ich lerne die Dinge und die Zeit zu genießen.

Was hat mich heute noch glücklich oder zufrieden gemacht? War es ein Ort,

eine Person oder ein Gegenstand? War es ein Geruch, eine Musik, ein Gespräch?

_____

_____

_____

_____

_____

Was hat mich heute glücklich gemacht? **Ja/Nein**

Heute ist der _____ , ich genoss die frische Luft, die durch das geöffnete Fenster hereinkam. Dazu die Tasse Kaffee oder Tee. Bei jedem Schluck wurde mir bewusst, wie wichtig ich mir bin und auf dieser schönen Welt sein kann. Ich lerne die Dinge und die Zeit zu genießen. Was hat mich heute noch glücklich oder zufrieden gemacht? War es ein Ort, eine Person oder ein Gegenstand? War es ein Geruch, eine Musik, ein Gespräch?

_____

_____

_____

_____

Was hat mich heute glücklich gemacht? **Ja/Nein**

Heute ist der _____ , ich genoss die frische Luft, die durch das geöffnete Fenster hereinkam. Dazu die Tasse Kaffee oder Tee. Bei jedem Schluck wurde mir bewusst, wie wichtig ich mir bin und auf dieser schönen Welt sein kann. Ich lerne die Dinge und die Zeit zu genießen. Was hat mich heute noch glücklich oder zufrieden gemacht? War es ein Ort, eine Person oder ein Gegenstand? War es ein Geruch, eine Musik, ein Gespräch?

_____

_____

_____

_____

Was hat mich heute glücklich gemacht? **Ja/Nein**

Heute ist der _____ , ich genoss die frische Luft, die durch das geöffnete Fenster hereinkam. Dazu die Tasse Kaffee oder Tee. Bei jedem Schluck wurde mir bewusst, wie wichtig ich mir bin und auf dieser schönen Welt sein kann. Ich lerne die Dinge und die Zeit zu genießen. Was hat mich heute noch glücklich oder zufrieden gemacht? War es ein Ort, eine Person oder ein Gegenstand? War es ein Geruch, eine Musik, ein Gespräch?

_____

_____

_____

_____

Was hat mich heute glücklich gemacht?   **Ja/Nein**

Heute ist der _____ , ich genoss die frische Luft, die

durch das geöffnete Fenster hereinkam. Dazu die Tasse Kaffee oder Tee.

Bei jedem Schluck wurde mir bewusst, wie wichtig ich mir bin und auf dieser

schönen Welt sein kann. Ich lerne die Dinge und die Zeit zu genießen.

Was hat mich heute noch glücklich oder zufrieden gemacht? War es ein Ort,

eine Person oder ein Gegenstand? War es ein Geruch, eine Musik, ein Gespräch?

_____

_____

_____

_____

_____

Was hat mich heute glücklich gemacht?   **Ja/Nein**

Heute ist der _____ , ich genoss die frische Luft, die

durch das geöffnete Fenster hereinkam. Dazu die Tasse Kaffee oder Tee.

Bei jedem Schluck wurde mir bewusst, wie wichtig ich mir bin und auf dieser

schönen Welt sein kann. Ich lerne die Dinge und die Zeit zu genießen.

Was hat mich heute noch glücklich oder zufrieden gemacht? War es ein Ort,

eine Person oder ein Gegenstand? War es ein Geruch, eine Musik, ein Gespräch?

_____

_____

_____

_____

_____

Was hat mich heute glücklich gemacht?   **Ja/Nein**

Heute ist der _____ , ich genoss die frische Luft, die

durch das geöffnete Fenster hereinkam. Dazu die Tasse Kaffee oder Tee.

Bei jedem Schluck wurde mir bewusst, wie wichtig ich mir bin und auf dieser

schönen Welt sein kann. Ich lerne die Dinge und die Zeit zu genießen.

Was hat mich heute noch glücklich oder zufrieden gemacht? War es ein Ort,

eine Person oder ein Gegenstand? War es ein Geruch, eine Musik, ein Gespräch?

_____

_____

_____

_____

_____

Was hat mich heute glücklich gemacht?   **Ja/Nein**

Heute ist der _____ , ich genoss die frische Luft, die
durch das geöffnete Fenster hereinkam. Dazu die Tasse Kaffee oder Tee.
Bei jedem Schluck wurde mir bewusst, wie wichtig ich mir bin und auf dieser
schönen Welt sein kann. Ich lerne die Dinge und die Zeit zu genießen.
Was hat mich heute noch glücklich oder zufrieden gemacht? War es ein Ort,
eine Person oder ein Gegenstand? War es ein Geruch, eine Musik, ein Gespräch?

_____

_____

_____

_____

_____

Was hat mich heute glücklich gemacht?   **Ja/Nein**

Heute ist der _____ , ich genoss die frische Luft, die
durch das geöffnete Fenster hereinkam. Dazu die Tasse Kaffee oder Tee.
Bei jedem Schluck wurde mir bewusst, wie wichtig ich mir bin und auf dieser
schönen Welt sein kann. Ich lerne die Dinge und die Zeit zu genießen.
Was hat mich heute noch glücklich oder zufrieden gemacht? War es ein Ort,
eine Person oder ein Gegenstand? War es ein Geruch, eine Musik, ein Gespräch?

_____

_____

_____

_____

_____

Was hat mich heute glücklich gemacht?   **Ja/Nein**

Heute ist der _____ , ich genoss die frische Luft, die
durch das geöffnete Fenster hereinkam. Dazu die Tasse Kaffee oder Tee.
Bei jedem Schluck wurde mir bewusst, wie wichtig ich mir bin und auf dieser
schönen Welt sein kann. Ich lerne die Dinge und die Zeit zu genießen.
Was hat mich heute noch glücklich oder zufrieden gemacht? War es ein Ort,
eine Person oder ein Gegenstand? War es ein Geruch, eine Musik, ein Gespräch?

_____

_____

_____

_____

_____

Was hat mich heute glücklich gemacht? **Ja/Nein**

Heute ist der _____ , ich genoss die frische Luft, die durch das geöffnete Fenster hereinkam. Dazu die Tasse Kaffee oder Tee. Bei jedem Schluck wurde mir bewusst, wie wichtig ich mir bin und auf dieser schönen Welt sein kann. Ich lerne die Dinge und die Zeit zu genießen. Was hat mich heute noch glücklich oder zufrieden gemacht? War es ein Ort, eine Person oder ein Gegenstand? War es ein Geruch, eine Musik, ein Gespräch?

_____

_____

_____

_____

_____

Was hat mich heute glücklich gemacht? **Ja/Nein**

Heute ist der _____ , ich genoss die frische Luft, die durch das geöffnete Fenster hereinkam. Dazu die Tasse Kaffee oder Tee. Bei jedem Schluck wurde mir bewusst, wie wichtig ich mir bin und auf dieser schönen Welt sein kann. Ich lerne die Dinge und die Zeit zu genießen. Was hat mich heute noch glücklich oder zufrieden gemacht? War es ein Ort, eine Person oder ein Gegenstand? War es ein Geruch, eine Musik, ein Gespräch?

_____

_____

_____

_____

_____

Was hat mich heute glücklich gemacht? **Ja/Nein**

Heute ist der _____ , ich genoss die frische Luft, die durch das geöffnete Fenster hereinkam. Dazu die Tasse Kaffee oder Tee. Bei jedem Schluck wurde mir bewusst, wie wichtig ich mir bin und auf dieser schönen Welt sein kann. Ich lerne die Dinge und die Zeit zu genießen. Was hat mich heute noch glücklich oder zufrieden gemacht? War es ein Ort, eine Person oder ein Gegenstand? War es ein Geruch, eine Musik, ein Gespräch?

_____

_____

_____

_____

_____

Was hat mich heute glücklich gemacht?   **Ja/Nein**

Heute ist der _____ , ich genoss die frische Luft, die
durch das geöffnete Fenster hereinkam. Dazu die Tasse Kaffee oder Tee.
Bei jedem Schluck wurde mir bewusst, wie wichtig ich mir bin und auf dieser
schönen Welt sein kann. Ich lerne die Dinge und die Zeit zu genießen.
Was hat mich heute noch glücklich oder zufrieden gemacht? War es ein Ort,
eine Person oder ein Gegenstand? War es ein Geruch, eine Musik, ein Gespräch?

_____

_____

_____

_____

_____

Was hat mich heute glücklich gemacht?   **Ja/Nein**

Heute ist der _____ , ich genoss die frische Luft, die
durch das geöffnete Fenster hereinkam. Dazu die Tasse Kaffee oder Tee.
Bei jedem Schluck wurde mir bewusst, wie wichtig ich mir bin und auf dieser
schönen Welt sein kann. Ich lerne die Dinge und die Zeit zu genießen.
Was hat mich heute noch glücklich oder zufrieden gemacht? War es ein Ort,
eine Person oder ein Gegenstand? War es ein Geruch, eine Musik, ein Gespräch?

_____

_____

_____

_____

_____

Was hat mich heute glücklich gemacht?   **Ja/Nein**

Heute ist der _____ , ich genoss die frische Luft, die
durch das geöffnete Fenster hereinkam. Dazu die Tasse Kaffee oder Tee.
Bei jedem Schluck wurde mir bewusst, wie wichtig ich mir bin und auf dieser
schönen Welt sein kann. Ich lerne die Dinge und die Zeit zu genießen.
Was hat mich heute noch glücklich oder zufrieden gemacht? War es ein Ort,
eine Person oder ein Gegenstand? War es ein Geruch, eine Musik, ein Gespräch?

_____

_____

_____

_____

_____

Was hat mich heute glücklich gemacht? **Ja/Nein**

Heute ist der _____ , ich genoss die frische Luft, die
durch das geöffnete Fenster hereinkam. Dazu die Tasse Kaffee oder Tee.
Bei jedem Schluck wurde mir bewusst, wie wichtig ich mir bin und auf dieser
schönen Welt sein kann. Ich lerne die Dinge und die Zeit zu genießen.
Was hat mich heute noch glücklich oder zufrieden gemacht? War es ein Ort,
eine Person oder ein Gegenstand? War es ein Geruch, eine Musik, ein Gespräch?

_____
_____
_____
_____
_____

Was hat mich heute glücklich gemacht? **Ja/Nein**

Heute ist der _____ , ich genoss die frische Luft, die
durch das geöffnete Fenster hereinkam. Dazu die Tasse Kaffee oder Tee.
Bei jedem Schluck wurde mir bewusst, wie wichtig ich mir bin und auf dieser
schönen Welt sein kann. Ich lerne die Dinge und die Zeit zu genießen.
Was hat mich heute noch glücklich oder zufrieden gemacht? War es ein Ort,
eine Person oder ein Gegenstand? War es ein Geruch, eine Musik, ein Gespräch?

_____
_____
_____
_____
_____

Was hat mich heute glücklich gemacht? **Ja/Nein**

Heute ist der _____ , ich genoss die frische Luft, die
durch das geöffnete Fenster hereinkam. Dazu die Tasse Kaffee oder Tee.
Bei jedem Schluck wurde mir bewusst, wie wichtig ich mir bin und auf dieser
schönen Welt sein kann. Ich lerne die Dinge und die Zeit zu genießen.
Was hat mich heute noch glücklich oder zufrieden gemacht? War es ein Ort,
eine Person oder ein Gegenstand? War es ein Geruch, eine Musik, ein Gespräch?

_____
_____
_____
_____
_____

Was hat mich heute glücklich gemacht? **Ja/Nein**

Heute ist der _____ , ich genoss die frische Luft, die
durch das geöffnete Fenster hereinkam. Dazu die Tasse Kaffee oder Tee.
Bei jedem Schluck wurde mir bewusst, wie wichtig ich mir bin und auf dieser
schönen Welt sein kann. Ich lerne die Dinge und die Zeit zu genießen.
Was hat mich heute noch glücklich oder zufrieden gemacht? War es ein Ort,
eine Person oder ein Gegenstand? War es ein Geruch, eine Musik, ein Gespräch?

_____
_____
_____
_____
_____

Was hat mich heute glücklich gemacht? **Ja/Nein**

Heute ist der _____ , ich genoss die frische Luft, die
durch das geöffnete Fenster hereinkam. Dazu die Tasse Kaffee oder Tee.
Bei jedem Schluck wurde mir bewusst, wie wichtig ich mir bin und auf dieser
schönen Welt sein kann. Ich lerne die Dinge und die Zeit zu genießen.
Was hat mich heute noch glücklich oder zufrieden gemacht? War es ein Ort,
eine Person oder ein Gegenstand? War es ein Geruch, eine Musik, ein Gespräch?

_____
_____
_____
_____
_____

Was hat mich heute glücklich gemacht? **Ja/Nein**

Heute ist der _____ , ich genoss die frische Luft, die
durch das geöffnete Fenster hereinkam. Dazu die Tasse Kaffee oder Tee.
Bei jedem Schluck wurde mir bewusst, wie wichtig ich mir bin und auf dieser
schönen Welt sein kann. Ich lerne die Dinge und die Zeit zu genießen.
Was hat mich heute noch glücklich oder zufrieden gemacht? War es ein Ort,
eine Person oder ein Gegenstand? War es ein Geruch, eine Musik, ein Gespräch?

_____
_____
_____
_____
_____

Was hat mich heute glücklich gemacht?   **Ja/Nein**

Heute ist der _____ , ich genoss die frische Luft, die

durch das geöffnete Fenster hereinkam. Dazu die Tasse Kaffee oder Tee.

Bei jedem Schluck wurde mir bewusst, wie wichtig ich mir bin und auf dieser

schönen Welt sein kann. Ich lerne die Dinge und die Zeit zu genießen.

Was hat mich heute noch glücklich oder zufrieden gemacht? War es ein Ort,

eine Person oder ein Gegenstand? War es ein Geruch, eine Musik, ein Gespräch?

_____

_____

_____

_____

_____

Was hat mich heute glücklich gemacht?   **Ja/Nein**

Heute ist der _____ , ich genoss die frische Luft, die

durch das geöffnete Fenster hereinkam. Dazu die Tasse Kaffee oder Tee.

Bei jedem Schluck wurde mir bewusst, wie wichtig ich mir bin und auf dieser

schönen Welt sein kann. Ich lerne die Dinge und die Zeit zu genießen.

Was hat mich heute noch glücklich oder zufrieden gemacht? War es ein Ort,

eine Person oder ein Gegenstand? War es ein Geruch, eine Musik, ein Gespräch?

_____

_____

_____

_____

_____

Was hat mich heute glücklich gemacht?   **Ja/Nein**

Heute ist der _____ , ich genoss die frische Luft, die

durch das geöffnete Fenster hereinkam. Dazu die Tasse Kaffee oder Tee.

Bei jedem Schluck wurde mir bewusst, wie wichtig ich mir bin und auf dieser

schönen Welt sein kann. Ich lerne die Dinge und die Zeit zu genießen.

Was hat mich heute noch glücklich oder zufrieden gemacht? War es ein Ort,

eine Person oder ein Gegenstand? War es ein Geruch, eine Musik, ein Gespräch?

_____

_____

_____

_____

_____

Was hat mich heute glücklich gemacht?   **Ja/Nein**

Heute ist der _____ , ich genoss die frische Luft, die
durch das geöffnete Fenster hereinkam. Dazu die Tasse Kaffee oder Tee.
Bei jedem Schluck wurde mir bewusst, wie wichtig ich mir bin und auf dieser
schönen Welt sein kann. Ich lerne die Dinge und die Zeit zu genießen.
Was hat mich heute noch glücklich oder zufrieden gemacht? War es ein Ort,
eine Person oder ein Gegenstand? War es ein Geruch, eine Musik, ein Gespräch?

_____

_____

_____

_____

Was hat mich heute glücklich gemacht?   **Ja/Nein**

Heute ist der _____ , ich genoss die frische Luft, die
durch das geöffnete Fenster hereinkam. Dazu die Tasse Kaffee oder Tee.
Bei jedem Schluck wurde mir bewusst, wie wichtig ich mir bin und auf dieser
schönen Welt sein kann. Ich lerne die Dinge und die Zeit zu genießen.
Was hat mich heute noch glücklich oder zufrieden gemacht? War es ein Ort,
eine Person oder ein Gegenstand? War es ein Geruch, eine Musik, ein Gespräch?

_____

_____

_____

_____

Was hat mich heute glücklich gemacht?   **Ja/Nein**

Heute ist der _____ , ich genoss die frische Luft, die
durch das geöffnete Fenster hereinkam. Dazu die Tasse Kaffee oder Tee.
Bei jedem Schluck wurde mir bewusst, wie wichtig ich mir bin und auf dieser
schönen Welt sein kann. Ich lerne die Dinge und die Zeit zu genießen.
Was hat mich heute noch glücklich oder zufrieden gemacht? War es ein Ort,
eine Person oder ein Gegenstand? War es ein Geruch, eine Musik, ein Gespräch?

_____

_____

_____

_____

Was hat mich heute glücklich gemacht?   **Ja/Nein**

Heute ist der _____ , ich genoss die frische Luft, die

durch das geöffnete Fenster hereinkam. Dazu die Tasse Kaffee oder Tee.

Bei jedem Schluck wurde mir bewusst, wie wichtig ich mir bin und auf dieser

schönen Welt sein kann. Ich lerne die Dinge und die Zeit zu genießen.

Was hat mich heute noch glücklich oder zufrieden gemacht? War es ein Ort,

eine Person oder ein Gegenstand? War es ein Geruch, eine Musik, ein Gespräch?

_____

_____

_____

_____

Was hat mich heute glücklich gemacht?   **Ja/Nein**

Heute ist der _____ , ich genoss die frische Luft, die

durch das geöffnete Fenster hereinkam. Dazu die Tasse Kaffee oder Tee.

Bei jedem Schluck wurde mir bewusst, wie wichtig ich mir bin und auf dieser

schönen Welt sein kann. Ich lerne die Dinge und die Zeit zu genießen.

Was hat mich heute noch glücklich oder zufrieden gemacht? War es ein Ort,

eine Person oder ein Gegenstand? War es ein Geruch, eine Musik, ein Gespräch?

_____

_____

_____

_____

Was hat mich heute glücklich gemacht?   **Ja/Nein**

Heute ist der _____ , ich genoss die frische Luft, die

durch das geöffnete Fenster hereinkam. Dazu die Tasse Kaffee oder Tee.

Bei jedem Schluck wurde mir bewusst, wie wichtig ich mir bin und auf dieser

schönen Welt sein kann. Ich lerne die Dinge und die Zeit zu genießen.

Was hat mich heute noch glücklich oder zufrieden gemacht? War es ein Ort,

eine Person oder ein Gegenstand? War es ein Geruch, eine Musik, ein Gespräch?

_____

_____

_____

_____

Was hat mich heute glücklich gemacht?   **Ja/Nein**

Heute ist der _____ , ich genoss die frische Luft, die
durch das geöffnete Fenster hereinkam. Dazu die Tasse Kaffee oder Tee.
Bei jedem Schluck wurde mir bewusst, wie wichtig ich mir bin und auf dieser
schönen Welt sein kann. Ich lerne die Dinge und die Zeit zu genießen.
Was hat mich heute noch glücklich oder zufrieden gemacht? War es ein Ort,
eine Person oder ein Gegenstand? War es ein Geruch, eine Musik, ein Gespräch?

_____
_____
_____
_____
_____

Was hat mich heute glücklich gemacht?   **Ja/Nein**

Heute ist der _____ , ich genoss die frische Luft, die
durch das geöffnete Fenster hereinkam. Dazu die Tasse Kaffee oder Tee.
Bei jedem Schluck wurde mir bewusst, wie wichtig ich mir bin und auf dieser
schönen Welt sein kann. Ich lerne die Dinge und die Zeit zu genießen.
Was hat mich heute noch glücklich oder zufrieden gemacht? War es ein Ort,
eine Person oder ein Gegenstand? War es ein Geruch, eine Musik, ein Gespräch?

_____
_____
_____
_____
_____

Was hat mich heute glücklich gemacht?   **Ja/Nein**

Heute ist der _____ , ich genoss die frische Luft, die
durch das geöffnete Fenster hereinkam. Dazu die Tasse Kaffee oder Tee.
Bei jedem Schluck wurde mir bewusst, wie wichtig ich mir bin und auf dieser
schönen Welt sein kann. Ich lerne die Dinge und die Zeit zu genießen.
Was hat mich heute noch glücklich oder zufrieden gemacht? War es ein Ort,
eine Person oder ein Gegenstand? War es ein Geruch, eine Musik, ein Gespräch?

_____
_____
_____
_____
_____

Was hat mich heute glücklich gemacht?   **Ja/Nein**

Heute ist der _____ , ich genoss die frische Luft, die

durch das geöffnete Fenster hereinkam. Dazu die Tasse Kaffee oder Tee.

Bei jedem Schluck wurde mir bewusst, wie wichtig ich mir bin und auf dieser

schönen Welt sein kann. Ich lerne die Dinge und die Zeit zu genießen.

Was hat mich heute noch glücklich oder zufrieden gemacht? War es ein Ort,

eine Person oder ein Gegenstand? War es ein Geruch, eine Musik, ein Gespräch?

_____

_____

_____

_____

_____

Was hat mich heute glücklich gemacht?   **Ja/Nein**

Heute ist der _____ , ich genoss die frische Luft, die

durch das geöffnete Fenster hereinkam. Dazu die Tasse Kaffee oder Tee.

Bei jedem Schluck wurde mir bewusst, wie wichtig ich mir bin und auf dieser

schönen Welt sein kann. Ich lerne die Dinge und die Zeit zu genießen.

Was hat mich heute noch glücklich oder zufrieden gemacht? War es ein Ort,

eine Person oder ein Gegenstand? War es ein Geruch, eine Musik, ein Gespräch?

_____

_____

_____

_____

_____

Was hat mich heute glücklich gemacht?   **Ja/Nein**

Heute ist der _____ , ich genoss die frische Luft, die

durch das geöffnete Fenster hereinkam. Dazu die Tasse Kaffee oder Tee.

Bei jedem Schluck wurde mir bewusst, wie wichtig ich mir bin und auf dieser

schönen Welt sein kann. Ich lerne die Dinge und die Zeit zu genießen.

Was hat mich heute noch glücklich oder zufrieden gemacht? War es ein Ort,

eine Person oder ein Gegenstand? War es ein Geruch, eine Musik, ein Gespräch?

_____

_____

_____

_____

_____

Was hat mich heute glücklich gemacht? **Ja/Nein**

Heute ist der _____ , ich genoss die frische Luft, die
durch das geöffnete Fenster hereinkam. Dazu die Tasse Kaffee oder Tee.
Bei jedem Schluck wurde mir bewusst, wie wichtig ich mir bin und auf dieser
schönen Welt sein kann. Ich lerne die Dinge und die Zeit zu genießen.
Was hat mich heute noch glücklich oder zufrieden gemacht? War es ein Ort,
eine Person oder ein Gegenstand? War es ein Geruch, eine Musik, ein Gespräch?

_____
_____
_____
_____
_____

Was hat mich heute glücklich gemacht? **Ja/Nein**

Heute ist der _____ , ich genoss die frische Luft, die
durch das geöffnete Fenster hereinkam. Dazu die Tasse Kaffee oder Tee.
Bei jedem Schluck wurde mir bewusst, wie wichtig ich mir bin und auf dieser
schönen Welt sein kann. Ich lerne die Dinge und die Zeit zu genießen.
Was hat mich heute noch glücklich oder zufrieden gemacht? War es ein Ort,
eine Person oder ein Gegenstand? War es ein Geruch, eine Musik, ein Gespräch?

_____
_____
_____
_____
_____

Was hat mich heute glücklich gemacht? **Ja/Nein**

Heute ist der _____ , ich genoss die frische Luft, die
durch das geöffnete Fenster hereinkam. Dazu die Tasse Kaffee oder Tee.
Bei jedem Schluck wurde mir bewusst, wie wichtig ich mir bin und auf dieser
schönen Welt sein kann. Ich lerne die Dinge und die Zeit zu genießen.
Was hat mich heute noch glücklich oder zufrieden gemacht? War es ein Ort,
eine Person oder ein Gegenstand? War es ein Geruch, eine Musik, ein Gespräch?

_____
_____
_____
_____
_____

Was hat mich heute glücklich gemacht?   **Ja/Nein**

Heute ist der _____ , ich genoss die frische Luft, die
durch das geöffnete Fenster hereinkam. Dazu die Tasse Kaffee oder Tee.
Bei jedem Schluck wurde mir bewusst, wie wichtig ich mir bin und auf dieser
schönen Welt sein kann. Ich lerne die Dinge und die Zeit zu genießen.
Was hat mich heute noch glücklich oder zufrieden gemacht? War es ein Ort,
eine Person oder ein Gegenstand? War es ein Geruch, eine Musik, ein Gespräch?

_____
_____
_____
_____
_____

Was hat mich heute glücklich gemacht?   **Ja/Nein**

Heute ist der _____ , ich genoss die frische Luft, die
durch das geöffnete Fenster hereinkam. Dazu die Tasse Kaffee oder Tee.
Bei jedem Schluck wurde mir bewusst, wie wichtig ich mir bin und auf dieser
schönen Welt sein kann. Ich lerne die Dinge und die Zeit zu genießen.
Was hat mich heute noch glücklich oder zufrieden gemacht? War es ein Ort,
eine Person oder ein Gegenstand? War es ein Geruch, eine Musik, ein Gespräch?

_____
_____
_____
_____
_____

Was hat mich heute glücklich gemacht?   **Ja/Nein**

Heute ist der _____ , ich genoss die frische Luft, die
durch das geöffnete Fenster hereinkam. Dazu die Tasse Kaffee oder Tee.
Bei jedem Schluck wurde mir bewusst, wie wichtig ich mir bin und auf dieser
schönen Welt sein kann. Ich lerne die Dinge und die Zeit zu genießen.
Was hat mich heute noch glücklich oder zufrieden gemacht? War es ein Ort,
eine Person oder ein Gegenstand? War es ein Geruch, eine Musik, ein Gespräch?

_____
_____
_____
_____
_____

Was hat mich heute glücklich gemacht? **Ja/Nein**

Heute ist der _____ , ich genoss die frische Luft, die
durch das geöffnete Fenster hereinkam. Dazu die Tasse Kaffee oder Tee.
Bei jedem Schluck wurde mir bewusst, wie wichtig ich mir bin und auf dieser
schönen Welt sein kann. Ich lerne die Dinge und die Zeit zu genießen.
Was hat mich heute noch glücklich oder zufrieden gemacht? War es ein Ort,
eine Person oder ein Gegenstand? War es ein Geruch, eine Musik, ein Gespräch?

_____

_____

_____

_____

Was hat mich heute glücklich gemacht? **Ja/Nein**

Heute ist der _____ , ich genoss die frische Luft, die
durch das geöffnete Fenster hereinkam. Dazu die Tasse Kaffee oder Tee.
Bei jedem Schluck wurde mir bewusst, wie wichtig ich mir bin und auf dieser
schönen Welt sein kann. Ich lerne die Dinge und die Zeit zu genießen.
Was hat mich heute noch glücklich oder zufrieden gemacht? War es ein Ort,
eine Person oder ein Gegenstand? War es ein Geruch, eine Musik, ein Gespräch?

_____

_____

_____

_____

Was hat mich heute glücklich gemacht? **Ja/Nein**

Heute ist der _____ , ich genoss die frische Luft, die
durch das geöffnete Fenster hereinkam. Dazu die Tasse Kaffee oder Tee.
Bei jedem Schluck wurde mir bewusst, wie wichtig ich mir bin und auf dieser
schönen Welt sein kann. Ich lerne die Dinge und die Zeit zu genießen.
Was hat mich heute noch glücklich oder zufrieden gemacht? War es ein Ort,
eine Person oder ein Gegenstand? War es ein Geruch, eine Musik, ein Gespräch?

_____

_____

_____

_____

Was hat mich heute glücklich gemacht?   **Ja/Nein**

Heute ist der _____ , ich genoss die frische Luft, die

durch das geöffnete Fenster hereinkam. Dazu die Tasse Kaffee oder Tee.

Bei jedem Schluck wurde mir bewusst, wie wichtig ich mir bin und auf dieser

schönen Welt sein kann. Ich lerne die Dinge und die Zeit zu genießen.

Was hat mich heute noch glücklich oder zufrieden gemacht? War es ein Ort,

eine Person oder ein Gegenstand? War es ein Geruch, eine Musik, ein Gespräch?

_____

_____

_____

_____

_____

Was hat mich heute glücklich gemacht?   **Ja/Nein**

Heute ist der _____ , ich genoss die frische Luft, die

durch das geöffnete Fenster hereinkam. Dazu die Tasse Kaffee oder Tee.

Bei jedem Schluck wurde mir bewusst, wie wichtig ich mir bin und auf dieser

schönen Welt sein kann. Ich lerne die Dinge und die Zeit zu genießen.

Was hat mich heute noch glücklich oder zufrieden gemacht? War es ein Ort,

eine Person oder ein Gegenstand? War es ein Geruch, eine Musik, ein Gespräch?

_____

_____

_____

_____

_____

Was hat mich heute glücklich gemacht?   **Ja/Nein**

Heute ist der _____ , ich genoss die frische Luft, die

durch das geöffnete Fenster hereinkam. Dazu die Tasse Kaffee oder Tee.

Bei jedem Schluck wurde mir bewusst, wie wichtig ich mir bin und auf dieser

schönen Welt sein kann. Ich lerne die Dinge und die Zeit zu genießen.

Was hat mich heute noch glücklich oder zufrieden gemacht? War es ein Ort,

eine Person oder ein Gegenstand? War es ein Geruch, eine Musik, ein Gespräch?

_____

_____

_____

_____

_____

Was hat mich heute glücklich gemacht?   **Ja/Nein**

Heute ist der _____ , ich genoss die frische Luft, die

durch das geöffnete Fenster hereinkam. Dazu die Tasse Kaffee oder Tee.

Bei jedem Schluck wurde mir bewusst, wie wichtig ich mir bin und auf dieser

schönen Welt sein kann. Ich lerne die Dinge und die Zeit zu genießen.

Was hat mich heute noch glücklich oder zufrieden gemacht? War es ein Ort,

eine Person oder ein Gegenstand? War es ein Geruch, eine Musik, ein Gespräch?

_____

_____

_____

_____

_____

Was hat mich heute glücklich gemacht?   **Ja/Nein**

Heute ist der _____ , ich genoss die frische Luft, die

durch das geöffnete Fenster hereinkam. Dazu die Tasse Kaffee oder Tee.

Bei jedem Schluck wurde mir bewusst, wie wichtig ich mir bin und auf dieser

schönen Welt sein kann. Ich lerne die Dinge und die Zeit zu genießen.

Was hat mich heute noch glücklich oder zufrieden gemacht? War es ein Ort,

eine Person oder ein Gegenstand? War es ein Geruch, eine Musik, ein Gespräch?

_____

_____

_____

_____

_____

Was hat mich heute glücklich gemacht?   **Ja/Nein**

Heute ist der _____ , ich genoss die frische Luft, die

durch das geöffnete Fenster hereinkam. Dazu die Tasse Kaffee oder Tee.

Bei jedem Schluck wurde mir bewusst, wie wichtig ich mir bin und auf dieser

schönen Welt sein kann. Ich lerne die Dinge und die Zeit zu genießen.

Was hat mich heute noch glücklich oder zufrieden gemacht? War es ein Ort,

eine Person oder ein Gegenstand? War es ein Geruch, eine Musik, ein Gespräch?

_____

_____

_____

_____

_____

Was hat mich heute glücklich gemacht?   **Ja/Nein**

Heute ist der _____ , ich genoss die frische Luft, die
durch das geöffnete Fenster hereinkam. Dazu die Tasse Kaffee oder Tee.
Bei jedem Schluck wurde mir bewusst, wie wichtig ich mir bin und auf dieser
schönen Welt sein kann. Ich lerne die Dinge und die Zeit zu genießen.
Was hat mich heute noch glücklich oder zufrieden gemacht? War es ein Ort,
eine Person oder ein Gegenstand? War es ein Geruch, eine Musik, ein Gespräch?

_____
_____
_____
_____
_____

Was hat mich heute glücklich gemacht?   **Ja/Nein**

Heute ist der _____ , ich genoss die frische Luft, die
durch das geöffnete Fenster hereinkam. Dazu die Tasse Kaffee oder Tee.
Bei jedem Schluck wurde mir bewusst, wie wichtig ich mir bin und auf dieser
schönen Welt sein kann. Ich lerne die Dinge und die Zeit zu genießen.
Was hat mich heute noch glücklich oder zufrieden gemacht? War es ein Ort,
eine Person oder ein Gegenstand? War es ein Geruch, eine Musik, ein Gespräch?

_____
_____
_____
_____
_____

Was hat mich heute glücklich gemacht?   **Ja/Nein**

Heute ist der _____ , ich genoss die frische Luft, die
durch das geöffnete Fenster hereinkam. Dazu die Tasse Kaffee oder Tee.
Bei jedem Schluck wurde mir bewusst, wie wichtig ich mir bin und auf dieser
schönen Welt sein kann. Ich lerne die Dinge und die Zeit zu genießen.
Was hat mich heute noch glücklich oder zufrieden gemacht? War es ein Ort,
eine Person oder ein Gegenstand? War es ein Geruch, eine Musik, ein Gespräch?

_____
_____
_____
_____
_____

Was hat mich heute glücklich gemacht? **Ja/Nein**

Heute ist der _____ , ich genoss die frische Luft, die durch das geöffnete Fenster hereinkam. Dazu die Tasse Kaffee oder Tee. Bei jedem Schluck wurde mir bewusst, wie wichtig ich mir bin und auf dieser schönen Welt sein kann. Ich lerne die Dinge und die Zeit zu genießen. Was hat mich heute noch glücklich oder zufrieden gemacht? War es ein Ort, eine Person oder ein Gegenstand? War es ein Geruch, eine Musik, ein Gespräch?

_____

_____

_____

_____

Was hat mich heute glücklich gemacht? **Ja/Nein**

Heute ist der _____ , ich genoss die frische Luft, die durch das geöffnete Fenster hereinkam. Dazu die Tasse Kaffee oder Tee. Bei jedem Schluck wurde mir bewusst, wie wichtig ich mir bin und auf dieser schönen Welt sein kann. Ich lerne die Dinge und die Zeit zu genießen. Was hat mich heute noch glücklich oder zufrieden gemacht? War es ein Ort, eine Person oder ein Gegenstand? War es ein Geruch, eine Musik, ein Gespräch?

_____

_____

_____

_____

Was hat mich heute glücklich gemacht? **Ja/Nein**

Heute ist der _____ , ich genoss die frische Luft, die durch das geöffnete Fenster hereinkam. Dazu die Tasse Kaffee oder Tee. Bei jedem Schluck wurde mir bewusst, wie wichtig ich mir bin und auf dieser schönen Welt sein kann. Ich lerne die Dinge und die Zeit zu genießen. Was hat mich heute noch glücklich oder zufrieden gemacht? War es ein Ort, eine Person oder ein Gegenstand? War es ein Geruch, eine Musik, ein Gespräch?

_____

_____

_____

_____

Was hat mich heute glücklich gemacht? **Ja/Nein**

Heute ist der _____ , ich genoss die frische Luft, die

durch das geöffnete Fenster hereinkam. Dazu die Tasse Kaffee oder Tee.

Bei jedem Schluck wurde mir bewusst, wie wichtig ich mir bin und auf dieser

schönen Welt sein kann. Ich lerne die Dinge und die Zeit zu genießen.

Was hat mich heute noch glücklich oder zufrieden gemacht? War es ein Ort,

eine Person oder ein Gegenstand? War es ein Geruch, eine Musik, ein Gespräch?

_____

_____

_____

_____

_____

Was hat mich heute glücklich gemacht? **Ja/Nein**

Heute ist der _____ , ich genoss die frische Luft, die

durch das geöffnete Fenster hereinkam. Dazu die Tasse Kaffee oder Tee.

Bei jedem Schluck wurde mir bewusst, wie wichtig ich mir bin und auf dieser

schönen Welt sein kann. Ich lerne die Dinge und die Zeit zu genießen.

Was hat mich heute noch glücklich oder zufrieden gemacht? War es ein Ort,

eine Person oder ein Gegenstand? War es ein Geruch, eine Musik, ein Gespräch?

_____

_____

_____

_____

_____

Was hat mich heute glücklich gemacht? **Ja/Nein**

Heute ist der _____ , ich genoss die frische Luft, die

durch das geöffnete Fenster hereinkam. Dazu die Tasse Kaffee oder Tee.

Bei jedem Schluck wurde mir bewusst, wie wichtig ich mir bin und auf dieser

schönen Welt sein kann. Ich lerne die Dinge und die Zeit zu genießen.

Was hat mich heute noch glücklich oder zufrieden gemacht? War es ein Ort,

eine Person oder ein Gegenstand? War es ein Geruch, eine Musik, ein Gespräch?

_____

_____

_____

_____

_____

Was hat mich heute glücklich gemacht? **Ja/Nein**

Heute ist der _____ , ich genoss die frische Luft, die
durch das geöffnete Fenster hereinkam. Dazu die Tasse Kaffee oder Tee.
Bei jedem Schluck wurde mir bewusst, wie wichtig ich mir bin und auf dieser
schönen Welt sein kann. Ich lerne die Dinge und die Zeit zu genießen.
Was hat mich heute noch glücklich oder zufrieden gemacht? War es ein Ort,
eine Person oder ein Gegenstand? War es ein Geruch, eine Musik, ein Gespräch?

_____
_____
_____
_____
_____

Was hat mich heute glücklich gemacht? **Ja/Nein**

Heute ist der _____ , ich genoss die frische Luft, die
durch das geöffnete Fenster hereinkam. Dazu die Tasse Kaffee oder Tee.
Bei jedem Schluck wurde mir bewusst, wie wichtig ich mir bin und auf dieser
schönen Welt sein kann. Ich lerne die Dinge und die Zeit zu genießen.
Was hat mich heute noch glücklich oder zufrieden gemacht? War es ein Ort,
eine Person oder ein Gegenstand? War es ein Geruch, eine Musik, ein Gespräch?

_____
_____
_____
_____
_____

Was hat mich heute glücklich gemacht? **Ja/Nein**

Heute ist der _____ , ich genoss die frische Luft, die
durch das geöffnete Fenster hereinkam. Dazu die Tasse Kaffee oder Tee.
Bei jedem Schluck wurde mir bewusst, wie wichtig ich mir bin und auf dieser
schönen Welt sein kann. Ich lerne die Dinge und die Zeit zu genießen.
Was hat mich heute noch glücklich oder zufrieden gemacht? War es ein Ort,
eine Person oder ein Gegenstand? War es ein Geruch, eine Musik, ein Gespräch?

_____
_____
_____
_____
_____

Was hat mich heute glücklich gemacht?   **Ja/Nein**

Heute ist der _____ , ich genoss die frische Luft, die

durch das geöffnete Fenster hereinkam. Dazu die Tasse Kaffee oder Tee.

Bei jedem Schluck wurde mir bewusst, wie wichtig ich mir bin und auf dieser

schönen Welt sein kann. Ich lerne die Dinge und die Zeit zu genießen.

Was hat mich heute noch glücklich oder zufrieden gemacht? War es ein Ort,

eine Person oder ein Gegenstand? War es ein Geruch, eine Musik, ein Gespräch?

_____

_____

_____

_____

_____

Was hat mich heute glücklich gemacht?   **Ja/Nein**

Heute ist der _____ , ich genoss die frische Luft, die

durch das geöffnete Fenster hereinkam. Dazu die Tasse Kaffee oder Tee.

Bei jedem Schluck wurde mir bewusst, wie wichtig ich mir bin und auf dieser

schönen Welt sein kann. Ich lerne die Dinge und die Zeit zu genießen.

Was hat mich heute noch glücklich oder zufrieden gemacht? War es ein Ort,

eine Person oder ein Gegenstand? War es ein Geruch, eine Musik, ein Gespräch?

_____

_____

_____

_____

_____

Was hat mich heute glücklich gemacht?   **Ja/Nein**

Heute ist der _____ , ich genoss die frische Luft, die

durch das geöffnete Fenster hereinkam. Dazu die Tasse Kaffee oder Tee.

Bei jedem Schluck wurde mir bewusst, wie wichtig ich mir bin und auf dieser

schönen Welt sein kann. Ich lerne die Dinge und die Zeit zu genießen.

Was hat mich heute noch glücklich oder zufrieden gemacht? War es ein Ort,

eine Person oder ein Gegenstand? War es ein Geruch, eine Musik, ein Gespräch?

_____

_____

_____

_____

_____

Was hat mich heute glücklich gemacht? **Ja/Nein**

Heute ist der _____ , ich genoss die frische Luft, die

durch das geöffnete Fenster hereinkam. Dazu die Tasse Kaffee oder Tee.

Bei jedem Schluck wurde mir bewusst, wie wichtig ich mir bin und auf dieser

schönen Welt sein kann. Ich lerne die Dinge und die Zeit zu genießen.

Was hat mich heute noch glücklich oder zufrieden gemacht? War es ein Ort,

eine Person oder ein Gegenstand? War es ein Geruch, eine Musik, ein Gespräch?

_____

_____

_____

_____

Was hat mich heute glücklich gemacht? **Ja/Nein**

Heute ist der _____ , ich genoss die frische Luft, die

durch das geöffnete Fenster hereinkam. Dazu die Tasse Kaffee oder Tee.

Bei jedem Schluck wurde mir bewusst, wie wichtig ich mir bin und auf dieser

schönen Welt sein kann. Ich lerne die Dinge und die Zeit zu genießen.

Was hat mich heute noch glücklich oder zufrieden gemacht? War es ein Ort,

eine Person oder ein Gegenstand? War es ein Geruch, eine Musik, ein Gespräch?

_____

_____

_____

_____

Was hat mich heute glücklich gemacht? **Ja/Nein**

Heute ist der _____ , ich genoss die frische Luft, die

durch das geöffnete Fenster hereinkam. Dazu die Tasse Kaffee oder Tee.

Bei jedem Schluck wurde mir bewusst, wie wichtig ich mir bin und auf dieser

schönen Welt sein kann. Ich lerne die Dinge und die Zeit zu genießen.

Was hat mich heute noch glücklich oder zufrieden gemacht? War es ein Ort,

eine Person oder ein Gegenstand? War es ein Geruch, eine Musik, ein Gespräch?

_____

_____

_____

_____

Was hat mich heute glücklich gemacht?

Ja/Nein

Heute ist der _____ , ich genoss die frische Luft, die durch das geöffnete Fenster hereinkam. Dazu die Tasse Kaffee oder Tee. Bei jedem Schluck wurde mir bewusst, wie wichtig ich mir bin und auf dieser schönen Welt sein kann. Ich lerne die Dinge und die Zeit zu genießen. Was hat mich heute noch glücklich oder zufrieden gemacht? War es ein Ort, eine Person oder ein Gegenstand? War es ein Geruch, eine Musik, ein Gespräch?

_____

_____

_____

_____

_____

Was hat mich heute glücklich gemacht?

Ja/Nein

Heute ist der _____ , ich genoss die frische Luft, die durch das geöffnete Fenster hereinkam. Dazu die Tasse Kaffee oder Tee. Bei jedem Schluck wurde mir bewusst, wie wichtig ich mir bin und auf dieser schönen Welt sein kann. Ich lerne die Dinge und die Zeit zu genießen. Was hat mich heute noch glücklich oder zufrieden gemacht? War es ein Ort, eine Person oder ein Gegenstand? War es ein Geruch, eine Musik, ein Gespräch?

_____

_____

_____

_____

_____

Was hat mich heute glücklich gemacht?

Ja/Nein

Heute ist der _____ , ich genoss die frische Luft, die durch das geöffnete Fenster hereinkam. Dazu die Tasse Kaffee oder Tee. Bei jedem Schluck wurde mir bewusst, wie wichtig ich mir bin und auf dieser schönen Welt sein kann. Ich lerne die Dinge und die Zeit zu genießen. Was hat mich heute noch glücklich oder zufrieden gemacht? War es ein Ort, eine Person oder ein Gegenstand? War es ein Geruch, eine Musik, ein Gespräch?

_____

_____

_____

_____

_____

Was hat mich heute glücklich gemacht? **Ja/Nein**

Heute ist der _____ , ich genoss die frische Luft, die
durch das geöffnete Fenster hereinkam. Dazu die Tasse Kaffee oder Tee.
Bei jedem Schluck wurde mir bewusst, wie wichtig ich mir bin und auf dieser
schönen Welt sein kann. Ich lerne die Dinge und die Zeit zu genießen.
Was hat mich heute noch glücklich oder zufrieden gemacht? War es ein Ort,
eine Person oder ein Gegenstand? War es ein Geruch, eine Musik, ein Gespräch?

_____
_____
_____
_____
_____

Was hat mich heute glücklich gemacht? **Ja/Nein**

Heute ist der _____ , ich genoss die frische Luft, die
durch das geöffnete Fenster hereinkam. Dazu die Tasse Kaffee oder Tee.
Bei jedem Schluck wurde mir bewusst, wie wichtig ich mir bin und auf dieser
schönen Welt sein kann. Ich lerne die Dinge und die Zeit zu genießen.
Was hat mich heute noch glücklich oder zufrieden gemacht? War es ein Ort,
eine Person oder ein Gegenstand? War es ein Geruch, eine Musik, ein Gespräch?

_____
_____
_____
_____
_____

Was hat mich heute glücklich gemacht? **Ja/Nein**

Heute ist der _____ , ich genoss die frische Luft, die
durch das geöffnete Fenster hereinkam. Dazu die Tasse Kaffee oder Tee.
Bei jedem Schluck wurde mir bewusst, wie wichtig ich mir bin und auf dieser
schönen Welt sein kann. Ich lerne die Dinge und die Zeit zu genießen.
Was hat mich heute noch glücklich oder zufrieden gemacht? War es ein Ort,
eine Person oder ein Gegenstand? War es ein Geruch, eine Musik, ein Gespräch?

_____
_____
_____
_____
_____

Was hat mich heute glücklich gemacht?   **Ja/Nein**

Heute ist der _____ , ich genoss die frische Luft, die

durch das geöffnete Fenster hereinkam. Dazu die Tasse Kaffee oder Tee.

Bei jedem Schluck wurde mir bewusst, wie wichtig ich mir bin und auf dieser

schönen Welt sein kann. Ich lerne die Dinge und die Zeit zu genießen.

Was hat mich heute noch glücklich oder zufrieden gemacht? War es ein Ort,

eine Person oder ein Gegenstand? War es ein Geruch, eine Musik, ein Gespräch?

_____

_____

_____

_____

_____

Was hat mich heute glücklich gemacht?   **Ja/Nein**

Heute ist der _____ , ich genoss die frische Luft, die

durch das geöffnete Fenster hereinkam. Dazu die Tasse Kaffee oder Tee.

Bei jedem Schluck wurde mir bewusst, wie wichtig ich mir bin und auf dieser

schönen Welt sein kann. Ich lerne die Dinge und die Zeit zu genießen.

Was hat mich heute noch glücklich oder zufrieden gemacht? War es ein Ort,

eine Person oder ein Gegenstand? War es ein Geruch, eine Musik, ein Gespräch?

_____

_____

_____

_____

_____

Was hat mich heute glücklich gemacht?   **Ja/Nein**

Heute ist der _____ , ich genoss die frische Luft, die

durch das geöffnete Fenster hereinkam. Dazu die Tasse Kaffee oder Tee.

Bei jedem Schluck wurde mir bewusst, wie wichtig ich mir bin und auf dieser

schönen Welt sein kann. Ich lerne die Dinge und die Zeit zu genießen.

Was hat mich heute noch glücklich oder zufrieden gemacht? War es ein Ort,

eine Person oder ein Gegenstand? War es ein Geruch, eine Musik, ein Gespräch?

_____

_____

_____

_____

_____

Was hat mich heute glücklich gemacht?   **Ja/Nein**

Heute ist der _____ , ich genoss die frische Luft, die
durch das geöffnete Fenster hereinkam. Dazu die Tasse Kaffee oder Tee.
Bei jedem Schluck wurde mir bewusst, wie wichtig ich mir bin und auf dieser
schönen Welt sein kann. Ich lerne die Dinge und die Zeit zu genießen.
Was hat mich heute noch glücklich oder zufrieden gemacht? War es ein Ort,
eine Person oder ein Gegenstand? War es ein Geruch, eine Musik, ein Gespräch?

_____
_____
_____
_____
_____

Was hat mich heute glücklich gemacht?   **Ja/Nein**

Heute ist der _____ , ich genoss die frische Luft, die
durch das geöffnete Fenster hereinkam. Dazu die Tasse Kaffee oder Tee.
Bei jedem Schluck wurde mir bewusst, wie wichtig ich mir bin und auf dieser
schönen Welt sein kann. Ich lerne die Dinge und die Zeit zu genießen.
Was hat mich heute noch glücklich oder zufrieden gemacht? War es ein Ort,
eine Person oder ein Gegenstand? War es ein Geruch, eine Musik, ein Gespräch?

_____
_____
_____
_____
_____

Was hat mich heute glücklich gemacht?   **Ja/Nein**

Heute ist der _____ , ich genoss die frische Luft, die
durch das geöffnete Fenster hereinkam. Dazu die Tasse Kaffee oder Tee.
Bei jedem Schluck wurde mir bewusst, wie wichtig ich mir bin und auf dieser
schönen Welt sein kann. Ich lerne die Dinge und die Zeit zu genießen.
Was hat mich heute noch glücklich oder zufrieden gemacht? War es ein Ort,
eine Person oder ein Gegenstand? War es ein Geruch, eine Musik, ein Gespräch?

_____
_____
_____
_____
_____

Was hat mich heute glücklich gemacht?   **Ja/Nein**

Heute ist der _____ , ich genoss die frische Luft, die

durch das geöffnete Fenster hereinkam. Dazu die Tasse Kaffee oder Tee.

Bei jedem Schluck wurde mir bewusst, wie wichtig ich mir bin und auf dieser

schönen Welt sein kann. Ich lerne die Dinge und die Zeit zu genießen.

Was hat mich heute noch glücklich oder zufrieden gemacht? War es ein Ort,

eine Person oder ein Gegenstand? War es ein Geruch, eine Musik, ein Gespräch?

_____

_____

_____

_____

_____

Was hat mich heute glücklich gemacht?   **Ja/Nein**

Heute ist der _____ , ich genoss die frische Luft, die

durch das geöffnete Fenster hereinkam. Dazu die Tasse Kaffee oder Tee.

Bei jedem Schluck wurde mir bewusst, wie wichtig ich mir bin und auf dieser

schönen Welt sein kann. Ich lerne die Dinge und die Zeit zu genießen.

Was hat mich heute noch glücklich oder zufrieden gemacht? War es ein Ort,

eine Person oder ein Gegenstand? War es ein Geruch, eine Musik, ein Gespräch?

_____

_____

_____

_____

_____

Was hat mich heute glücklich gemacht?   **Ja/Nein**

Heute ist der _____ , ich genoss die frische Luft, die

durch das geöffnete Fenster hereinkam. Dazu die Tasse Kaffee oder Tee.

Bei jedem Schluck wurde mir bewusst, wie wichtig ich mir bin und auf dieser

schönen Welt sein kann. Ich lerne die Dinge und die Zeit zu genießen.

Was hat mich heute noch glücklich oder zufrieden gemacht? War es ein Ort,

eine Person oder ein Gegenstand? War es ein Geruch, eine Musik, ein Gespräch?

_____

_____

_____

_____

_____

Was hat mich heute glücklich gemacht?   **Ja/Nein**

Heute ist der _____ , ich genoss die frische Luft, die
durch das geöffnete Fenster hereinkam. Dazu die Tasse Kaffee oder Tee.
Bei jedem Schluck wurde mir bewusst, wie wichtig ich mir bin und auf dieser
schönen Welt sein kann. Ich lerne die Dinge und die Zeit zu genießen.
Was hat mich heute noch glücklich oder zufrieden gemacht? War es ein Ort,
eine Person oder ein Gegenstand? War es ein Geruch, eine Musik, ein Gespräch?

_____
_____
_____
_____
_____

Was hat mich heute glücklich gemacht?   **Ja/Nein**

Heute ist der _____ , ich genoss die frische Luft, die
durch das geöffnete Fenster hereinkam. Dazu die Tasse Kaffee oder Tee.
Bei jedem Schluck wurde mir bewusst, wie wichtig ich mir bin und auf dieser
schönen Welt sein kann. Ich lerne die Dinge und die Zeit zu genießen.
Was hat mich heute noch glücklich oder zufrieden gemacht? War es ein Ort,
eine Person oder ein Gegenstand? War es ein Geruch, eine Musik, ein Gespräch?

_____
_____
_____
_____
_____

Was hat mich heute glücklich gemacht?   **Ja/Nein**

Heute ist der _____ , ich genoss die frische Luft, die
durch das geöffnete Fenster hereinkam. Dazu die Tasse Kaffee oder Tee.
Bei jedem Schluck wurde mir bewusst, wie wichtig ich mir bin und auf dieser
schönen Welt sein kann. Ich lerne die Dinge und die Zeit zu genießen.
Was hat mich heute noch glücklich oder zufrieden gemacht? War es ein Ort,
eine Person oder ein Gegenstand? War es ein Geruch, eine Musik, ein Gespräch?

_____
_____
_____
_____
_____

Was hat mich heute glücklich gemacht?   **Ja/Nein**

Heute ist der _____ , ich genoss die frische Luft, die

durch das geöffnete Fenster hereinkam. Dazu die Tasse Kaffee oder Tee.

Bei jedem Schluck wurde mir bewusst, wie wichtig ich mir bin und auf dieser

schönen Welt sein kann. Ich lerne die Dinge und die Zeit zu genießen.

Was hat mich heute noch glücklich oder zufrieden gemacht? War es ein Ort,

eine Person oder ein Gegenstand? War es ein Geruch, eine Musik, ein Gespräch?

_____

_____

_____

_____

_____

Was hat mich heute glücklich gemacht?   **Ja/Nein**

Heute ist der _____ , ich genoss die frische Luft, die

durch das geöffnete Fenster hereinkam. Dazu die Tasse Kaffee oder Tee.

Bei jedem Schluck wurde mir bewusst, wie wichtig ich mir bin und auf dieser

schönen Welt sein kann. Ich lerne die Dinge und die Zeit zu genießen.

Was hat mich heute noch glücklich oder zufrieden gemacht? War es ein Ort,

eine Person oder ein Gegenstand? War es ein Geruch, eine Musik, ein Gespräch?

_____

_____

_____

_____

_____

Was hat mich heute glücklich gemacht?   **Ja/Nein**

Heute ist der _____ , ich genoss die frische Luft, die

durch das geöffnete Fenster hereinkam. Dazu die Tasse Kaffee oder Tee.

Bei jedem Schluck wurde mir bewusst, wie wichtig ich mir bin und auf dieser

schönen Welt sein kann. Ich lerne die Dinge und die Zeit zu genießen.

Was hat mich heute noch glücklich oder zufrieden gemacht? War es ein Ort,

eine Person oder ein Gegenstand? War es ein Geruch, eine Musik, ein Gespräch?

_____

_____

_____

_____

Was hat mich heute glücklich gemacht? **Ja/Nein**

Heute ist der _____ , ich genoss die frische Luft, die durch das geöffnete Fenster hereinkam. Dazu die Tasse Kaffee oder Tee. Bei jedem Schluck wurde mir bewusst, wie wichtig ich mir bin und auf dieser schönen Welt sein kann. Ich lerne die Dinge und die Zeit zu genießen. Was hat mich heute noch glücklich oder zufrieden gemacht? War es ein Ort, eine Person oder ein Gegenstand? War es ein Geruch, eine Musik, ein Gespräch?

_____

_____

_____

_____

_____

Was hat mich heute glücklich gemacht? **Ja/Nein**

Heute ist der _____ , ich genoss die frische Luft, die durch das geöffnete Fenster hereinkam. Dazu die Tasse Kaffee oder Tee. Bei jedem Schluck wurde mir bewusst, wie wichtig ich mir bin und auf dieser schönen Welt sein kann. Ich lerne die Dinge und die Zeit zu genießen. Was hat mich heute noch glücklich oder zufrieden gemacht? War es ein Ort, eine Person oder ein Gegenstand? War es ein Geruch, eine Musik, ein Gespräch?

_____

_____

_____

_____

_____

Was hat mich heute glücklich gemacht? **Ja/Nein**

Heute ist der _____ , ich genoss die frische Luft, die durch das geöffnete Fenster hereinkam. Dazu die Tasse Kaffee oder Tee. Bei jedem Schluck wurde mir bewusst, wie wichtig ich mir bin und auf dieser schönen Welt sein kann. Ich lerne die Dinge und die Zeit zu genießen. Was hat mich heute noch glücklich oder zufrieden gemacht? War es ein Ort, eine Person oder ein Gegenstand? War es ein Geruch, eine Musik, ein Gespräch?

_____

_____

_____

_____

_____

Was hat mich heute glücklich gemacht?   **Ja/Nein**

Heute ist der _____ , ich genoss die frische Luft, die

durch das geöffnete Fenster hereinkam. Dazu die Tasse Kaffee oder Tee.

Bei jedem Schluck wurde mir bewusst, wie wichtig ich mir bin und auf dieser

schönen Welt sein kann. Ich lerne die Dinge und die Zeit zu genießen.

Was hat mich heute noch glücklich oder zufrieden gemacht? War es ein Ort,

eine Person oder ein Gegenstand? War es ein Geruch, eine Musik, ein Gespräch?

_____

_____

_____

_____

Was hat mich heute glücklich gemacht?   **Ja/Nein**

Heute ist der _____ , ich genoss die frische Luft, die

durch das geöffnete Fenster hereinkam. Dazu die Tasse Kaffee oder Tee.

Bei jedem Schluck wurde mir bewusst, wie wichtig ich mir bin und auf dieser

schönen Welt sein kann. Ich lerne die Dinge und die Zeit zu genießen.

Was hat mich heute noch glücklich oder zufrieden gemacht? War es ein Ort,

eine Person oder ein Gegenstand? War es ein Geruch, eine Musik, ein Gespräch?

_____

_____

_____

_____

Was hat mich heute glücklich gemacht?   **Ja/Nein**

Heute ist der _____ , ich genoss die frische Luft, die

durch das geöffnete Fenster hereinkam. Dazu die Tasse Kaffee oder Tee.

Bei jedem Schluck wurde mir bewusst, wie wichtig ich mir bin und auf dieser

schönen Welt sein kann. Ich lerne die Dinge und die Zeit zu genießen.

Was hat mich heute noch glücklich oder zufrieden gemacht? War es ein Ort,

eine Person oder ein Gegenstand? War es ein Geruch, eine Musik, ein Gespräch?

_____

_____

_____

_____

Was hat mich heute glücklich gemacht? **Ja/Nein**

Heute ist der _____ , ich genoss die frische Luft, die durch das geöffnete Fenster hereinkam. Dazu die Tasse Kaffee oder Tee. Bei jedem Schluck wurde mir bewusst, wie wichtig ich mir bin und auf dieser schönen Welt sein kann. Ich lerne die Dinge und die Zeit zu genießen. Was hat mich heute noch glücklich oder zufrieden gemacht? War es ein Ort, eine Person oder ein Gegenstand? War es ein Geruch, eine Musik, ein Gespräch?

_____

_____

_____

_____

Was hat mich heute glücklich gemacht? **Ja/Nein**

Heute ist der _____ , ich genoss die frische Luft, die durch das geöffnete Fenster hereinkam. Dazu die Tasse Kaffee oder Tee. Bei jedem Schluck wurde mir bewusst, wie wichtig ich mir bin und auf dieser schönen Welt sein kann. Ich lerne die Dinge und die Zeit zu genießen. Was hat mich heute noch glücklich oder zufrieden gemacht? War es ein Ort, eine Person oder ein Gegenstand? War es ein Geruch, eine Musik, ein Gespräch?

_____

_____

_____

_____

Was hat mich heute glücklich gemacht? **Ja/Nein**

Heute ist der _____ , ich genoss die frische Luft, die durch das geöffnete Fenster hereinkam. Dazu die Tasse Kaffee oder Tee. Bei jedem Schluck wurde mir bewusst, wie wichtig ich mir bin und auf dieser schönen Welt sein kann. Ich lerne die Dinge und die Zeit zu genießen. Was hat mich heute noch glücklich oder zufrieden gemacht? War es ein Ort, eine Person oder ein Gegenstand? War es ein Geruch, eine Musik, ein Gespräch?

_____

_____

_____

_____

Was hat mich heute glücklich gemacht?   **Ja/Nein**

Heute ist der _____ , ich genoss die frische Luft, die

durch das geöffnete Fenster hereinkam. Dazu die Tasse Kaffee oder Tee.

Bei jedem Schluck wurde mir bewusst, wie wichtig ich mir bin und auf dieser

schönen Welt sein kann. Ich lerne die Dinge und die Zeit zu genießen.

Was hat mich heute noch glücklich oder zufrieden gemacht? War es ein Ort,

eine Person oder ein Gegenstand? War es ein Geruch, eine Musik, ein Gespräch?

_____

_____

_____

_____

_____

Was hat mich heute glücklich gemacht?   **Ja/Nein**

Heute ist der _____ , ich genoss die frische Luft, die

durch das geöffnete Fenster hereinkam. Dazu die Tasse Kaffee oder Tee.

Bei jedem Schluck wurde mir bewusst, wie wichtig ich mir bin und auf dieser

schönen Welt sein kann. Ich lerne die Dinge und die Zeit zu genießen.

Was hat mich heute noch glücklich oder zufrieden gemacht? War es ein Ort,

eine Person oder ein Gegenstand? War es ein Geruch, eine Musik, ein Gespräch?

_____

_____

_____

_____

_____

Was hat mich heute glücklich gemacht?   **Ja/Nein**

Heute ist der _____ , ich genoss die frische Luft, die

durch das geöffnete Fenster hereinkam. Dazu die Tasse Kaffee oder Tee.

Bei jedem Schluck wurde mir bewusst, wie wichtig ich mir bin und auf dieser

schönen Welt sein kann. Ich lerne die Dinge und die Zeit zu genießen.

Was hat mich heute noch glücklich oder zufrieden gemacht? War es ein Ort,

eine Person oder ein Gegenstand? War es ein Geruch, eine Musik, ein Gespräch?

_____

_____

_____

_____

_____

Was hat mich heute glücklich gemacht? **Ja/Nein**

Heute ist der _____ , ich genoss die frische Luft, die
durch das geöffnete Fenster hereinkam. Dazu die Tasse Kaffee oder Tee.
Bei jedem Schluck wurde mir bewusst, wie wichtig ich mir bin und auf dieser
schönen Welt sein kann. Ich lerne die Dinge und die Zeit zu genießen.
Was hat mich heute noch glücklich oder zufrieden gemacht? War es ein Ort,
eine Person oder ein Gegenstand? War es ein Geruch, eine Musik, ein Gespräch?

_____

_____

_____

_____

Was hat mich heute glücklich gemacht? **Ja/Nein**

Heute ist der _____ , ich genoss die frische Luft, die
durch das geöffnete Fenster hereinkam. Dazu die Tasse Kaffee oder Tee.
Bei jedem Schluck wurde mir bewusst, wie wichtig ich mir bin und auf dieser
schönen Welt sein kann. Ich lerne die Dinge und die Zeit zu genießen.
Was hat mich heute noch glücklich oder zufrieden gemacht? War es ein Ort,
eine Person oder ein Gegenstand? War es ein Geruch, eine Musik, ein Gespräch?

_____

_____

_____

_____

Was hat mich heute glücklich gemacht? **Ja/Nein**

Heute ist der _____ , ich genoss die frische Luft, die
durch das geöffnete Fenster hereinkam. Dazu die Tasse Kaffee oder Tee.
Bei jedem Schluck wurde mir bewusst, wie wichtig ich mir bin und auf dieser
schönen Welt sein kann. Ich lerne die Dinge und die Zeit zu genießen.
Was hat mich heute noch glücklich oder zufrieden gemacht? War es ein Ort,
eine Person oder ein Gegenstand? War es ein Geruch, eine Musik, ein Gespräch?

_____

_____

_____

_____

Was hat mich heute glücklich gemacht?   **Ja/Nein**

Heute ist der _____ , ich genoss die frische Luft, die

durch das geöffnete Fenster hereinkam. Dazu die Tasse Kaffee oder Tee.

Bei jedem Schluck wurde mir bewusst, wie wichtig ich mir bin und auf dieser

schönen Welt sein kann. Ich lerne die Dinge und die Zeit zu genießen.

Was hat mich heute noch glücklich oder zufrieden gemacht? War es ein Ort,

eine Person oder ein Gegenstand? War es ein Geruch, eine Musik, ein Gespräch?

_____

_____

_____

_____

_____

Was hat mich heute glücklich gemacht?   **Ja/Nein**

Heute ist der _____ , ich genoss die frische Luft, die

durch das geöffnete Fenster hereinkam. Dazu die Tasse Kaffee oder Tee.

Bei jedem Schluck wurde mir bewusst, wie wichtig ich mir bin und auf dieser

schönen Welt sein kann. Ich lerne die Dinge und die Zeit zu genießen.

Was hat mich heute noch glücklich oder zufrieden gemacht? War es ein Ort,

eine Person oder ein Gegenstand? War es ein Geruch, eine Musik, ein Gespräch?

_____

_____

_____

_____

_____

Was hat mich heute glücklich gemacht?   **Ja/Nein**

Heute ist der _____ , ich genoss die frische Luft, die

durch das geöffnete Fenster hereinkam. Dazu die Tasse Kaffee oder Tee.

Bei jedem Schluck wurde mir bewusst, wie wichtig ich mir bin und auf dieser

schönen Welt sein kann. Ich lerne die Dinge und die Zeit zu genießen.

Was hat mich heute noch glücklich oder zufrieden gemacht? War es ein Ort,

eine Person oder ein Gegenstand? War es ein Geruch, eine Musik, ein Gespräch?

_____

_____

_____

_____

_____

Was hat mich heute glücklich gemacht?   **Ja/Nein**

Heute ist der _____ , ich genoss die frische Luft, die durch das geöffnete Fenster hereinkam. Dazu die Tasse Kaffee oder Tee. Bei jedem Schluck wurde mir bewusst, wie wichtig ich mir bin und auf dieser schönen Welt sein kann. Ich lerne die Dinge und die Zeit zu genießen. Was hat mich heute noch glücklich oder zufrieden gemacht? War es ein Ort, eine Person oder ein Gegenstand? War es ein Geruch, eine Musik, ein Gespräch?

_____

_____

_____

_____

_____

Was hat mich heute glücklich gemacht?   **Ja/Nein**

Heute ist der _____ , ich genoss die frische Luft, die durch das geöffnete Fenster hereinkam. Dazu die Tasse Kaffee oder Tee. Bei jedem Schluck wurde mir bewusst, wie wichtig ich mir bin und auf dieser schönen Welt sein kann. Ich lerne die Dinge und die Zeit zu genießen. Was hat mich heute noch glücklich oder zufrieden gemacht? War es ein Ort, eine Person oder ein Gegenstand? War es ein Geruch, eine Musik, ein Gespräch?

_____

_____

_____

_____

_____

Was hat mich heute glücklich gemacht?   **Ja/Nein**

Heute ist der _____ , ich genoss die frische Luft, die durch das geöffnete Fenster hereinkam. Dazu die Tasse Kaffee oder Tee. Bei jedem Schluck wurde mir bewusst, wie wichtig ich mir bin und auf dieser schönen Welt sein kann. Ich lerne die Dinge und die Zeit zu genießen. Was hat mich heute noch glücklich oder zufrieden gemacht? War es ein Ort, eine Person oder ein Gegenstand? War es ein Geruch, eine Musik, ein Gespräch?

_____

_____

_____

_____

_____

Was hat mich heute glücklich gemacht?   **Ja/Nein**

Heute ist der _____ , ich genoss die frische Luft, die
durch das geöffnete Fenster hereinkam. Dazu die Tasse Kaffee oder Tee.
Bei jedem Schluck wurde mir bewusst, wie wichtig ich mir bin und auf dieser
schönen Welt sein kann. Ich lerne die Dinge und die Zeit zu genießen.
Was hat mich heute noch glücklich oder zufrieden gemacht? War es ein Ort,
eine Person oder ein Gegenstand? War es ein Geruch, eine Musik, ein Gespräch?

_____

_____

_____

_____

_____

Was hat mich heute glücklich gemacht?   **Ja/Nein**

Heute ist der _____ , ich genoss die frische Luft, die
durch das geöffnete Fenster hereinkam. Dazu die Tasse Kaffee oder Tee.
Bei jedem Schluck wurde mir bewusst, wie wichtig ich mir bin und auf dieser
schönen Welt sein kann. Ich lerne die Dinge und die Zeit zu genießen.
Was hat mich heute noch glücklich oder zufrieden gemacht? War es ein Ort,
eine Person oder ein Gegenstand? War es ein Geruch, eine Musik, ein Gespräch?

_____

_____

_____

_____

_____

Was hat mich heute glücklich gemacht?   **Ja/Nein**

Heute ist der _____ , ich genoss die frische Luft, die
durch das geöffnete Fenster hereinkam. Dazu die Tasse Kaffee oder Tee.
Bei jedem Schluck wurde mir bewusst, wie wichtig ich mir bin und auf dieser
schönen Welt sein kann. Ich lerne die Dinge und die Zeit zu genießen.
Was hat mich heute noch glücklich oder zufrieden gemacht? War es ein Ort,
eine Person oder ein Gegenstand? War es ein Geruch, eine Musik, ein Gespräch?

_____

_____

_____

_____

_____

Was hat mich heute glücklich gemacht? **Ja/Nein**

Heute ist der _____ , ich genoss die frische Luft, die durch das geöffnete Fenster hereinkam. Dazu die Tasse Kaffee oder Tee. Bei jedem Schluck wurde mir bewusst, wie wichtig ich mir bin und auf dieser schönen Welt sein kann. Ich lerne die Dinge und die Zeit zu genießen. Was hat mich heute noch glücklich oder zufrieden gemacht? War es ein Ort, eine Person oder ein Gegenstand? War es ein Geruch, eine Musik, ein Gespräch?

_____

_____

_____

_____

Was hat mich heute glücklich gemacht? **Ja/Nein**

Heute ist der _____ , ich genoss die frische Luft, die durch das geöffnete Fenster hereinkam. Dazu die Tasse Kaffee oder Tee. Bei jedem Schluck wurde mir bewusst, wie wichtig ich mir bin und auf dieser schönen Welt sein kann. Ich lerne die Dinge und die Zeit zu genießen. Was hat mich heute noch glücklich oder zufrieden gemacht? War es ein Ort, eine Person oder ein Gegenstand? War es ein Geruch, eine Musik, ein Gespräch?

_____

_____

_____

_____

Was hat mich heute glücklich gemacht? **Ja/Nein**

Heute ist der _____ , ich genoss die frische Luft, die durch das geöffnete Fenster hereinkam. Dazu die Tasse Kaffee oder Tee. Bei jedem Schluck wurde mir bewusst, wie wichtig ich mir bin und auf dieser schönen Welt sein kann. Ich lerne die Dinge und die Zeit zu genießen. Was hat mich heute noch glücklich oder zufrieden gemacht? War es ein Ort, eine Person oder ein Gegenstand? War es ein Geruch, eine Musik, ein Gespräch?

_____

_____

_____

_____

Was hat mich heute glücklich gemacht? **Ja/Nein**

Heute ist der _____ , ich genoss die frische Luft, die

durch das geöffnete Fenster hereinkam. Dazu die Tasse Kaffee oder Tee.

Bei jedem Schluck wurde mir bewusst, wie wichtig ich mir bin und auf dieser

schönen Welt sein kann. Ich lerne die Dinge und die Zeit zu genießen.

Was hat mich heute noch glücklich oder zufrieden gemacht? War es ein Ort,

eine Person oder ein Gegenstand? War es ein Geruch, eine Musik, ein Gespräch?

_____

_____

_____

_____

_____

Was hat mich heute glücklich gemacht? **Ja/Nein**

Heute ist der _____ , ich genoss die frische Luft, die

durch das geöffnete Fenster hereinkam. Dazu die Tasse Kaffee oder Tee.

Bei jedem Schluck wurde mir bewusst, wie wichtig ich mir bin und auf dieser

schönen Welt sein kann. Ich lerne die Dinge und die Zeit zu genießen.

Was hat mich heute noch glücklich oder zufrieden gemacht? War es ein Ort,

eine Person oder ein Gegenstand? War es ein Geruch, eine Musik, ein Gespräch?

_____

_____

_____

_____

_____

Was hat mich heute glücklich gemacht? **Ja/Nein**

Heute ist der _____ , ich genoss die frische Luft, die

durch das geöffnete Fenster hereinkam. Dazu die Tasse Kaffee oder Tee.

Bei jedem Schluck wurde mir bewusst, wie wichtig ich mir bin und auf dieser

schönen Welt sein kann. Ich lerne die Dinge und die Zeit zu genießen.

Was hat mich heute noch glücklich oder zufrieden gemacht? War es ein Ort,

eine Person oder ein Gegenstand? War es ein Geruch, eine Musik, ein Gespräch?

_____

_____

_____

_____

_____

Was hat mich heute glücklich gemacht? **Ja/Nein**

Heute ist der _____ , ich genoss die frische Luft, die durch das geöffnete Fenster hereinkam. Dazu die Tasse Kaffee oder Tee. Bei jedem Schluck wurde mir bewusst, wie wichtig ich mir bin und auf dieser schönen Welt sein kann. Ich lerne die Dinge und die Zeit zu genießen. Was hat mich heute noch glücklich oder zufrieden gemacht? War es ein Ort, eine Person oder ein Gegenstand? War es ein Geruch, eine Musik, ein Gespräch?

_____

_____

_____

_____

Was hat mich heute glücklich gemacht? **Ja/Nein**

Heute ist der _____ , ich genoss die frische Luft, die durch das geöffnete Fenster hereinkam. Dazu die Tasse Kaffee oder Tee. Bei jedem Schluck wurde mir bewusst, wie wichtig ich mir bin und auf dieser schönen Welt sein kann. Ich lerne die Dinge und die Zeit zu genießen. Was hat mich heute noch glücklich oder zufrieden gemacht? War es ein Ort, eine Person oder ein Gegenstand? War es ein Geruch, eine Musik, ein Gespräch?

_____

_____

_____

_____

Was hat mich heute glücklich gemacht? **Ja/Nein**

Heute ist der _____ , ich genoss die frische Luft, die durch das geöffnete Fenster hereinkam. Dazu die Tasse Kaffee oder Tee. Bei jedem Schluck wurde mir bewusst, wie wichtig ich mir bin und auf dieser schönen Welt sein kann. Ich lerne die Dinge und die Zeit zu genießen. Was hat mich heute noch glücklich oder zufrieden gemacht? War es ein Ort, eine Person oder ein Gegenstand? War es ein Geruch, eine Musik, ein Gespräch?

_____

_____

_____

_____

Was hat mich heute glücklich gemacht? **Ja/Nein**

Heute ist der _____ , ich genoss die frische Luft, die
durch das geöffnete Fenster hereinkam. Dazu die Tasse Kaffee oder Tee.
Bei jedem Schluck wurde mir bewusst, wie wichtig ich mir bin und auf dieser
schönen Welt sein kann. Ich lerne die Dinge und die Zeit zu genießen.
Was hat mich heute noch glücklich oder zufrieden gemacht? War es ein Ort,
eine Person oder ein Gegenstand? War es ein Geruch, eine Musik, ein Gespräch?

_____

_____

_____

_____

Was hat mich heute glücklich gemacht? **Ja/Nein**

Heute ist der _____ , ich genoss die frische Luft, die
durch das geöffnete Fenster hereinkam. Dazu die Tasse Kaffee oder Tee.
Bei jedem Schluck wurde mir bewusst, wie wichtig ich mir bin und auf dieser
schönen Welt sein kann. Ich lerne die Dinge und die Zeit zu genießen.
Was hat mich heute noch glücklich oder zufrieden gemacht? War es ein Ort,
eine Person oder ein Gegenstand? War es ein Geruch, eine Musik, ein Gespräch?

_____

_____

_____

_____

Was hat mich heute glücklich gemacht? **Ja/Nein**

Heute ist der _____ , ich genoss die frische Luft, die
durch das geöffnete Fenster hereinkam. Dazu die Tasse Kaffee oder Tee.
Bei jedem Schluck wurde mir bewusst, wie wichtig ich mir bin und auf dieser
schönen Welt sein kann. Ich lerne die Dinge und die Zeit zu genießen.
Was hat mich heute noch glücklich oder zufrieden gemacht? War es ein Ort,
eine Person oder ein Gegenstand? War es ein Geruch, eine Musik, ein Gespräch?

_____

_____

_____

_____

Was hat mich heute glücklich gemacht? **Ja/Nein**

Heute ist der _____ , ich genoss die frische Luft, die
durch das geöffnete Fenster hereinkam. Dazu die Tasse Kaffee oder Tee.
Bei jedem Schluck wurde mir bewusst, wie wichtig ich mir bin und auf dieser
schönen Welt sein kann. Ich lerne die Dinge und die Zeit zu genießen.
Was hat mich heute noch glücklich oder zufrieden gemacht? War es ein Ort,
eine Person oder ein Gegenstand? War es ein Geruch, eine Musik, ein Gespräch?

_____

_____

_____

_____

_____

Was hat mich heute glücklich gemacht? **Ja/Nein**

Heute ist der _____ , ich genoss die frische Luft, die
durch das geöffnete Fenster hereinkam. Dazu die Tasse Kaffee oder Tee.
Bei jedem Schluck wurde mir bewusst, wie wichtig ich mir bin und auf dieser
schönen Welt sein kann. Ich lerne die Dinge und die Zeit zu genießen.
Was hat mich heute noch glücklich oder zufrieden gemacht? War es ein Ort,
eine Person oder ein Gegenstand? War es ein Geruch, eine Musik, ein Gespräch?

_____

_____

_____

_____

_____

Was hat mich heute glücklich gemacht? **Ja/Nein**

Heute ist der _____ , ich genoss die frische Luft, die
durch das geöffnete Fenster hereinkam. Dazu die Tasse Kaffee oder Tee.
Bei jedem Schluck wurde mir bewusst, wie wichtig ich mir bin und auf dieser
schönen Welt sein kann. Ich lerne die Dinge und die Zeit zu genießen.
Was hat mich heute noch glücklich oder zufrieden gemacht? War es ein Ort,
eine Person oder ein Gegenstand? War es ein Geruch, eine Musik, ein Gespräch?

_____

_____

_____

_____

_____

Was hat mich heute glücklich gemacht? **Ja/Nein**

Heute ist der _____ , ich genoss die frische Luft, die durch das geöffnete Fenster hereinkam. Dazu die Tasse Kaffee oder Tee. Bei jedem Schluck wurde mir bewusst, wie wichtig ich mir bin und auf dieser schönen Welt sein kann. Ich lerne die Dinge und die Zeit zu genießen. Was hat mich heute noch glücklich oder zufrieden gemacht? War es ein Ort, eine Person oder ein Gegenstand? War es ein Geruch, eine Musik, ein Gespräch?

_____

_____

_____

_____

_____

Was hat mich heute glücklich gemacht? **Ja/Nein**

Heute ist der _____ , ich genoss die frische Luft, die durch das geöffnete Fenster hereinkam. Dazu die Tasse Kaffee oder Tee. Bei jedem Schluck wurde mir bewusst, wie wichtig ich mir bin und auf dieser schönen Welt sein kann. Ich lerne die Dinge und die Zeit zu genießen. Was hat mich heute noch glücklich oder zufrieden gemacht? War es ein Ort, eine Person oder ein Gegenstand? War es ein Geruch, eine Musik, ein Gespräch?

_____

_____

_____

_____

_____

Was hat mich heute glücklich gemacht? **Ja/Nein**

Heute ist der _____ , ich genoss die frische Luft, die durch das geöffnete Fenster hereinkam. Dazu die Tasse Kaffee oder Tee. Bei jedem Schluck wurde mir bewusst, wie wichtig ich mir bin und auf dieser schönen Welt sein kann. Ich lerne die Dinge und die Zeit zu genießen. Was hat mich heute noch glücklich oder zufrieden gemacht? War es ein Ort, eine Person oder ein Gegenstand? War es ein Geruch, eine Musik, ein Gespräch?

_____

_____

_____

_____

_____

Was hat mich heute glücklich gemacht?   **Ja/Nein**

Heute ist der _____ , ich genoss die frische Luft, die
durch das geöffnete Fenster hereinkam. Dazu die Tasse Kaffee oder Tee.
Bei jedem Schluck wurde mir bewusst, wie wichtig ich mir bin und auf dieser
schönen Welt sein kann. Ich lerne die Dinge und die Zeit zu genießen.
Was hat mich heute noch glücklich oder zufrieden gemacht? War es ein Ort,
eine Person oder ein Gegenstand? War es ein Geruch, eine Musik, ein Gespräch?

_____

_____

_____

_____

_____

Was hat mich heute glücklich gemacht?   **Ja/Nein**

Heute ist der _____ , ich genoss die frische Luft, die
durch das geöffnete Fenster hereinkam. Dazu die Tasse Kaffee oder Tee.
Bei jedem Schluck wurde mir bewusst, wie wichtig ich mir bin und auf dieser
schönen Welt sein kann. Ich lerne die Dinge und die Zeit zu genießen.
Was hat mich heute noch glücklich oder zufrieden gemacht? War es ein Ort,
eine Person oder ein Gegenstand? War es ein Geruch, eine Musik, ein Gespräch?

_____

_____

_____

_____

_____

Was hat mich heute glücklich gemacht?   **Ja/Nein**

Heute ist der _____ , ich genoss die frische Luft, die
durch das geöffnete Fenster hereinkam. Dazu die Tasse Kaffee oder Tee.
Bei jedem Schluck wurde mir bewusst, wie wichtig ich mir bin und auf dieser
schönen Welt sein kann. Ich lerne die Dinge und die Zeit zu genießen.
Was hat mich heute noch glücklich oder zufrieden gemacht? War es ein Ort,
eine Person oder ein Gegenstand? War es ein Geruch, eine Musik, ein Gespräch?

_____

_____

_____

_____

_____

Mein Tag...

Datum:

Mein Tag...

Datum:

Mein Tag...   Datum:

Mein Tag...   Datum:

Mein Tag...   Datum:

Mein Tag...   Datum:

Mein Tag...

Datum:

Mein Tag...

Datum:

Mein Tag...   Datum:

Mein Tag...   Datum:

Mein Tag...   Datum:

Mein Tag...   Datum:

Mein Tag...   Datum:

Mein Tag...   Datum:

Mein Tag...

Datum:

Mein Tag...

Datum:

Mein Tag...   Datum:

Mein Tag...   Datum:

Mein Tag...   Datum:

Mein Tag...   Datum:

Mein Tag...   Datum:

Mein Tag...   Datum:

Mein Tag...   Datum:

Mein Tag...   Datum:

Mein Tag...   Datum:

Mein Tag...   Datum:

Mein Tag...

Datum:

Mein Tag...

Datum:

Mein Tag...

Datum:

Mein Tag...

Datum:

Mein Tag...   Datum:

Mein Tag...   Datum:

Mein Tag...   Datum:

Mein Tag...   Datum:

Mein Tag...　　　Datum:

Mein Tag...　　　Datum:

Mein Tag...   Datum:

Mein Tag...   Datum:

Mein Tag...   Datum:

Mein Tag...   Datum:

Mein Tag...

Datum:

Mein Tag...

Datum: